1579.

UNIE VAN UTRECHT.

의회 중상주의의 탄생. 위트레흐트 동맹(Union of Utrecht, 1579)

스페인의 식민지였던 네덜란드는 1579년에 북부 7주가 모여 위트레흐트 동맹을 맺고 독립전쟁을 통해 독립을 쟁취하여 의회 민주주의를 확립했다. 이는 영국보다 1세기 정도 앞선 것으로 17~18세기 네덜란드는 서유럽의 무역과 금융 등 경제의 중심지 역할을 하면서 농업, 금융, 제조업 및 조선업 등의 기술을 영국에 가르쳤다.

데이비드 흄(David Hume, 1711~1776)
스코틀랜드 계몽주의를 대표하는 학자.
주저로《인간 본성에 관한 논고*A Treatise of Human Nature*》(1738)가 있다.
애덤 스미스는 20대에 흄과 만나서 세상을 뜰 때까지
학문적으로나 인간적으로 가장 가까운 관계를 유지했다.

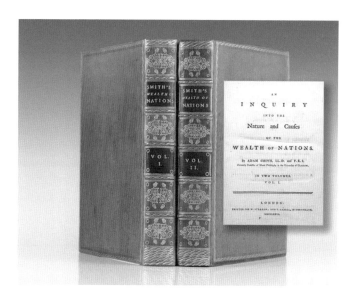

《국가의 부의 본질과 원인에 관한 탐구 *An Inquiry into the Nature and Causes of the Wealth of Nations*》(1776) 초판본과 애덤 스미스의 사인

일반적으로 《국부론 *The Wealth of Nations*》이라 불리는 이 책은
당시 새로운 사회 주도세력으로 떠오르던 중소상공인들의 생각을
정확히 대변함으로써 출판되자마자 큰 호응을 받았다.

The Author of the Wealth of Nations

애덤 스미스(Adam Smith, 1723~1790)
명실상부한 경제학의 아버지. 그의 주저《국부론》은 상공인, 은행인,
기술자 등 다양한 각계각층 인사들과 두루 교류하며 현실의 경제, 정치,
사회에 관한 얘기를 많이 듣고 토론하고, 열심히 발품을 팔아서 조사하고
쓴 덕분에 단순한 이론서가 아니라 경제, 정치, 사회 여러 분야의
현실을 생생히 보여주는 설득력과 생명력을 갖는 고전이 되었다.

THE

THEORY

OF

MORAL SENTIMENTS.

By ADAM SMITH,
PROFESSOR of MORAL PHILOSOPHY in the
Univerſity of GLASGOW.

LONDON:
Printed for A. MILLAR, in the STRAND;
And A. KINCAID and J. BELL, in EDINBURGH.
MDCCLIX.

《도덕감정론 *The Theory of Moral Sentiments*》(1759)

《국부론》과 더불어 스미스가 생전에 출판한 단 두 권의 저서 중 첫 번째인 이 책은
그의 철학과 윤리학, 특히 인간 본성에 대한 그의 깊은 통찰을 보여주는 명저이며,
근래 들어 철학, 심리학, 윤리학, 경제학 등에서 다시 널리 크게 주목받고 있다.
이 책의 출판으로 그는 하루아침에 대학자로서 전 유럽에 명성을 떨치게 되었다.

애덤 스미스의 동상(1867~1870년 제작)
6 벌링턴 가든(6 Burlington Gardens), 메이페어, 런던.

애덤 스미스의 묘지, 캐논게이트 커크야드(Canongate Kirkyard), 에든버러.
그의 묘비에는 다음과 같은 문장이 새겨져 있다.
"《도덕감정론》과 《국부론》의 저자, 애덤 스미스 여기에 잠들다."
고개를 숙여 바닥을 보면 《국부론》의 한 구절이 새겨져 있다.
"사람의 노동력은 다른 모든 재산을 만드는 본원적 기초이기 때문에
가장 신성하고 침범할 수 없는 것이다."

**2007년 서브프라임 모기지 사태 촉발 당시
영국의 노던록 은행 앞에 시민들이 예금을 찾기 위해 줄을 서 있다.**

"스미스로 돌아가자"는 1980년 이후부터 오늘날까지 세계를 휩쓸고 있는
신자유주의의 구호이다. 《국부론》도 신자유주의 덕분에 다시
세계적 각광을 받고 있다. 그러나 요즘 신자유주의자들의 주장과 달리
애덤 스미스는 독과점 대기업들이 시장지배력을 이용하거나 담합하여
이윤을 추구하는 방임을 주장하지 않았으며, 사법, 빈민구제,
예금자 보호를 위한 은행 감독 등 정부의 역할을 인정했다.

애덤 스미스 국부론

LEADER'S CLASSICS

애덤 스미스 국부론

번영과 상생의 경제학

이근식 지음

쌤앤파커스

인용 문헌

《국부론》: *An Inquiry into the Nature and Causes of the Wealth of Nations* ; R.H. Campbell and A.S. Skinner(eds.), *The Glasgow Edition of The Works and Correspondence of Adam Smith*, vol Ⅱ, Oxford University Press, 1976. 1776년에서 1789년까지 생전에 모두 5판 발행. : 애덤 스미스 저, 김수행 역,《국부론》(개역판) 상·하, 비봉출판사, 2007.

《도덕감정론》: *The Theory of Moral Sentiments*; D.D. Raphael and A.L. Macfie(eds.), *The Glasgow Edition of The Works and Correspondence of Adam Smith* , vol. Ⅰ, Oxford University Press, 1976. 생전에 1759에서 1790까지 모두 6판 발행.

《법학강의록》: *Lectures on Jurisprudence*; R. L. Meed, D.D. Raphael and P.G. Stein(eds.), *The Glasgow Edition of The Works and Correspondence of Adam Smith*, vol.V, Liberty Classics, 1982. Oxford University Press가 출판한 *The Glasgow Edition of the Works and Correspondence of Adam Smith*를 미국의 Liberty Classics 출판사가 영인본으로 출판한 책. 이 책에는 두 가지의 강의록이 수록되어 있는데, 둘 다 스미스의 글래스고 대학 강의를 들은 학생의 수강노트이다. 이 중 하나는 1895년에, 다른 하나는 1958년에 각각 발견된 것으로 분량만 다를 뿐 내용은 거의 동일하다.

※《국부론》은 국내 번역본을 인용했으며, 번역을 일부 고쳤다.

머리말

생존을 위한 의식주의 해결은 대부분 사람에게 가장 중요한 문제일 것이다. **경제학**은 바로 이와 관련된 사회적 문제, 곧 인간 생활에 필요한 물자와 서비스의 생산, 분배 및 소비와 연관된 사회적 현상을 연구하는 근대 학문이고, 이 학문의 문을 연 책이, 영국의 애덤 스미스Adam Smith, 1723~1790가 1776년에 출판한《국부론》이다. 그 이전에도 동서양 모두에서 경제에 관한 글들이 많이 나왔지만, 이 책 덕분에 하나의 독립된 학문으로서의 경제학이 시작되었다.

　어떻게 경제 문제를 해결할 것인가는 유사 이래 모든 사회가 일상생활에서 당면하는 가장 중요한 문제일 것이다. 우리의 일상생활에서 보는 바와 같이, 개인이나 조직의 모든 경제활동은 분업과 협업의 그물로 상호 밀접하게 연결되어 있다. 수출 부진으로 자동차 산업이 불황에 빠지면 이 산업에 부품과 원재료를 공급하는 철강업이나 타이어 산업 같은 다른 산업들도 불황에 빠지고, 이로 인해 이들 산업에 고용된 사람들의 소비가 감소함으로써 소비재 산업 전반의 수요도 감소한다. 이처럼 경제의 모든 부문들이 상호 긴밀히 연관되어 있으므로 정부가 경제의 중앙 관제탑 역할을 맡아서 경제 전체를 감시하고 관리해야 한다고 생각하기 쉽다. 이 때문에 동서양을 막론하고 모든 정부들은 정도의 차이는 있지만 나름대로 경제를 관리해왔다. 근세 서양에서 프랑스, 스페인, 영국, 네덜란드 등 근대국가들이 등장하자 정부가 경제에 적극 개입하는 **중상주의**가 시대정신이 되었다. 당시 국가 간 영토전쟁이 끊이지 않았던 유럽에서 부국강병을 위해, 각국 정부는 수출장려, 수입규제, 영업의 인허가, 국영기업 운영 등 각종 방법으로 경제에 적극 개입했다. 대략 16세기에서 18세기의 유럽은 중상주의의 시대였다.

이런 중상주의를 비판하고 정부의 경제 개입을 철폐하여 자유로운 시장경제를 만들 것을 처음으로 논리정연하고 설득력 있게 제시하여 **경제적 자유방임주의**를 19세기의 시대정신으로 만든 사람이 애덤 스미스이다.

정부는 국방과 법질서의 확립, 공공사업만 책임지고 나머지는 자유로운 경쟁시장에 맡겨서 모든 사람들이 자신의 이익을 좇아 자유롭게 돈 벌도록 하라. 그리하면 하느님의 섭리가 작동

하는 경쟁시장 덕분에 경제가 저절로 발전하여 모두가 잘살게 될 것이다.

이러한 스미스의 낙관적 생각은 자본주의라는 당시 새 시대의 주인으로 등장한 중소 부르주아지(중소상공인)[1]들의 입장과 생각을 대변한 것이다. 18세기 후반 당시 영국의회는 대상공업자들이 장악하고 있었고, 이들은 자신들에게만 유리하고 중소상공인들에게는 불리한 경제규제들을 만들었다. 이 때문에 중소상공업자들은 중상주의를 반대하게 되었는데 이들을 대변한 것이 스미스였다. 당시 새로운 지배계급으로 부를 축적해 가던 중소상공업자들에게 세상은 아름다웠고 이들을 대변한 스미스도 세상을 조화롭다고 보았다. 이러한 자유방임의 낙관적 경제관은 오늘날의 신자유주의도 신봉하는 경제적 자유주의의 핵심이다.

자유주의는 정치적 자유주의와 경제적 자유주의 둘로 나눌 수 있다. **정치적 자유주의**는 법치주의와 민주주의를 확립하고, 국민 개개인에 대한 정치 권력자들의 횡포를 제

---

[1] 부르주아(bourgeois)는 상공인 내지 중산층 사람을, 부르주아지(bourgeoisie)는 상공인계층 내지 중산계층을 말한다.

도적으로 방지하여, 개인의 자유와 평등 및 인권을 사회적으로, 정치적으로, 법적으로 보호하고 확립해야 한다는 주장이다. 반면에 **경제적 자유주의**란 정부의 경제규제를 철폐하여 공정한 정의의 법을 위반하지 않는 한, 개인의 자유로운 경제활동을 보장하라는 주장이다. 즉, **자유방임주의가 경제적 자유주의이다.**

　정치적 자유주의는 경제적 자유주의보다 한 세기 정도 앞서서 17세기 후반 영국에서 확립되었다. 정치적 자유주의는 국민에 대한 국가 권력자(왕과 그 부하들)의 횡포를 반대하고, 공정한 법을 위반하지 않는 한, 개인의 자유와 재산 및 신체를 제도적으로 보호해야 한다는 주장이다. 이처럼 자유주의는 원래 국가 권력자에 대한 저항운동에서 태동한 정치적 자유주의에서 출발한 것이다. 정치적 자유주의를 완성한 것은《국부론》보다 한 세기 정도 앞서 출판되었던 영국 철학자 로크John Locke, 1632~1704의《통치론》(1690)이었다. 영국에서 정치적 자유주의는 '명예혁명'(1688)이 의회민주주의를 완성함으로써 실현되었고, 경제적 자유주의는 이보다 한 세기 정도 늦게 스미스의《국부론》으로 확립되었다.

　지난 4세기 동안 자유, 평등 그리고 인권을 실현하는 근대 제도로서의 법치주의와 민주주의를 지지하는 정치적 자유주의의 정당성은 근본적 수준에서 논란의 대상이 된 적이 거의 없다. 독일의 히틀러가 민주적 선거로 집권하고, 미국이 베트남과 이라크를 불법으로 침공하고, 해방 후 우리나라의 자유당 정권이 부패로 물러난 것 등, 민주주의가 실패하거나 훼손당한 사례가 많이 있고 지금도 정도의 차이는 있으나 선후진국을 막론하고 의회의 타락과 행정부의 무능과 부패 등이 모든 민주국가에 존재하지만, 지난 수백 년간 민주주의가 현실에서 상대적으로 최선의 정치제도라는 점에서는 의심의 대상이 된 적이 별로 없고 아마 앞으로도 그럴 것이다.

　민주주의란 다수 대중에 의한 국가 경영인데, 다수 대중이 잘못된 결정을 행할 확률은 개인이나 소수의 집단이 잘못 결정할 확률보다는 낮을 것이다. 또한 민주주의는 국민이 선거로 정권을 교체할 수 있으므로 정부가 국민에게 불리한 결정을 할 확률이 상대적으로 다른 정치체제보다 낮다. 현실적으로 민주주의보다 더 좋은 정치제도를 찾기란 힘들 것이다.

반면에 경제적 자유주의는 19세기부터 끊임없이 근본적 수준에서 심각한 논란의 대상이 되어왔다. 개인과 기업의 자유로운 경제활동으로 운영되는 자본주의 시장경제는 **시장의 실패**(빈부격차, 불황과 실업, 독과점, 공해, 공공재[2]의 부족 등)라는 심각한 구조적 병폐를 갖고 있다는 것이 분명해졌기 때문이다. 동시에 시장은 효율적 생산과 투자를 촉진시켜서 경제성장을 촉진시킨다는 장점도 갖고 있다. 이를 **시장의 성공**이라고 부를 수 있다. 자유로운 시장은 이처럼 장점과 단점을 함께 갖고 있기 때문에 끊임없이 논란의 대상이 되어왔다.

자유주의가 보수반동적인가 아니면 진보적인가라는 오래된 혼란과 논쟁은 자유주의를 정치적 자유주의와 경제적 자유주의로 나누어 구분함으로써 해결할 수 있다. **정치적 자유주의는 대체로 진보적이다.** 정치적 자유주의의 핵심 주장인 **만인평등 사상**은 항상 약자의 권익을 옹호함으로써 사회 진보를 견인해왔기 때문이다. 반면에 **경제적 자유주의는**

---

2 공공재(public goods)는 도로나 항만과 같은 공공시설, 국방, 치안과 같은 공공서비스를 말한다. 이들은 시장에서 개별적으로 돈을 받고 팔 수 없기 때문에 시장에 맡기면 공급되지 않으므로 정부가 생산하여 공급한다.

대체로 보수반동적인 성격을 역사적으로 보여왔다. 사유재산권의 절대성을 주장하고 자유방임 하에서의 불평등한 분배를 옹호하면서 소득 재분배 정책에 반대해왔기 때문이다.

스미스가 글래스고 대학에서 강의했던 도덕철학moral philosophy은 신학, 윤리학, 법학 및 경제학을 모두 포괄했다. 이 때문에 스미스는 경제학의 울타리를 넘어 우주와 인간 세계를 모두 아우르는 종합적·총체적 체계로서의 자유주의 사상을 제시했다.

그의 자유주의는 신학에서 시작하여 윤리학과 법학을 거쳐 경제학으로 완성되는 장대하고 수미일관된 체계이다.

스미스 이후 독자적 학문으로 독립한 근대 경제학의 분석 대상은 경제로 국한되었다. 현대에 들어와서 경제학은 세부 각론으로 분화되어 세밀화되고 엄밀화되었지만 그로 인해 현대 경제학자들의 시야는 매우 좁아졌다. 그러나 우리의 일상생활에서 볼 수 있는 바와 같이, 인간의 경제활동은 법, 정치, 문화, 윤리 등 사회 모든 부문으로부터 직간접적으로 영향을 서로 주고받고 있다. 따라서 모든 경제사상은 철학, 법학, 윤리학 등과 함께 고찰될 때에만 정확하게 이해될 수 있다.

스미스의 자유주의는 이러한 총체적 사회사상의 전형을 보여준다. 그의 자유주의는 당시 사회의 주역으로 부상하던 중소부르주아들의 세계관, 신앙, 인간관, 사회관 및 경제관을 수미일관된 하나의 완성된 종합적 체계로 정리하여 보여준다. 그의 경제적 자유주의는 깊은 철학적 기초를 갖고 있었기 때문에 강한 설득력을 갖고 19세기의 시대정신으로 보급되어 세상을 바꾸었으며 오늘날에도 신자유주의로 부활하여 큰 힘을 발휘하고 있다. 그의 《국부론》을 정확히 이해하기 위해서는 《국부론》에 나오는 그의 경제학만이 아니라 그의 《도덕감정론》에 나오는 신학과 윤리학 그리고 그의 《법학강의록》에 나오는 법학을 모두 알아야 한다.

"스미스로 돌아가자"는 1980년 이후부터 오늘날까지 세계를 휩쓸고 있는 신자유주의의 구호이다. 1929년 '대공황'으로 시장경제에 대한 신뢰가 붕괴된 이후 별로 읽히지 않던 스미스의 《국부론》이 신자유주의 덕분에 다시 세계적 각광을 받고 있다. 그러나 **신자유주의는 스미스를 두 가지 점에서 오도하고 있다.**

첫째로, 그가 주장한 경제적 자유는 경제활동의 무제한 자유가 아니라 다음과 같은 두 가지 조건을 전제로 하는 경제적 자유이다. 두 조건이란, 하나는 공정한 법질서가 확립되어 모두가 정의의 법을 지킨다는 것, 즉 누구도 다른 사람을 속이거나 강압하거나 약속 위반을 하지 않는다는 것이요, 둘은 독과점이 없는 경쟁시장에서의 자유, 즉 독점의 횡포나 과점 대기업들의 담합이 없는, 중소기업들로만 이루어진 경쟁시장에서의 자유를 주장했다는 것이다. 스미스는 이 두 조건이 충족된 상태에서 경제활동의 자유를 주장한 것이지, 요즈음의 신자유주의자들처럼 독과점 대기업들이 시장지배력을 이용하거나 담합하여 마음대로 이윤을 추구할 수 있도록 방임하라고 주장한 것이 결코 아니다.

둘째로, 신자유주의자들의 주장과 달리 스미스도 정부가 여러 가지 적극적 역할을 담당해야 한다고 보았다는 것이다. 그는 국방, 사법(공정한 법질서의 확립), 공공사업, 초등교육 제공, 빈민구제, 고등교육과 자격시험 운용, 문화활동 지원, 예금자 보호를 위한 은행 감독 등 여러 가지를 정부의 역할로 인정했다.

《국부론》을 비롯한 스미스의 저작들은 인생과 세상에 관해 오늘날에도 유익한 깊은 통찰과 많은 지혜를 준다. **그러나 스미스는 경제발전을 촉진시키는 자본주의의 좋은 면만 보고 어두운 면은 보지 못했다는 중대한 한계가 있다.** 빈부격차와 대중의 빈곤, 주기적 불황과 실업의 증대, 대기업으로의 자본집중과 중소기업의 몰락으로 인한 독과점시장의 등장, 환경파괴 및 공공재 부족과 같은 **시장의 실패**를 스미스는 보지 못했다. 이는 그가 자본주의가 성숙하지 못하여 이런 문제가 아직 분명히 나타나지 않았던 18세기 후반에 살았기 때문이다. 이런 한계를 인식하면서 그의 지혜를 섭취해야 할 것이다. 공평무사하고, 양심적이고 솔직담백하고 약자에 동정적이었던 그가 만약 50년쯤 더 살아서 19세기에 나타나기 시작했던 시장의 실패, 특히 노동자들의 비참한 가난을 보았다면 이를 지적하고 해결하기 위한 방법을 찾기 위해 누구보다도 앞장섰을 것이다.

이 책은 애덤 스미스의 생애와 시대배경, 《국부론》의 바탕이 되는 그의 철학, 윤리학 및 법학을 차례로 간단히 고찰한 다음 《국부론》의 주요 내용을 살펴보고, 평가와 교훈으로 끝맺음한다.

차례

1장

애덤 스미스의 생애

스미스는 1723년 영국 스코틀랜드의 에든버러에서 가까운 작은 항구 커콜디^{Kirkcaldy}에서 태어나서, 1790년에 에든버러에서 67세로 세상을 떠났다. 부유한 세관원이었던 그의 아버지는 그가 태어나기 얼마 전에 사망했지만[1] 스미스 모자가 어렵지 않게 살 만한 유산을 남겨주었다. 대지주의 딸로 태어났던 그의 어머니는 평생을 청상과부로 살면서, 형제도 없이 평생 독신으로 살았던 스미스를 수발하다가 스미스보다 불과 6년 먼저 세상을 떠났다.

스미스는 커콜디의 문법학교를 9살에 입학하여 14살에 졸업한 후, 목사가 되길 바란 모친의 뜻을 따라 같은 해에 글래스고 대학에 진학했다. 14세의 대학 입학은 당시로서는 보통이었고 12살에 입학하기도 했다. 글래스고 대학에서는 허치슨^{Francis Hutcheson, 1694~1746}에게 도덕철학을 배웠다. 허치슨은 흄^{David Hume, 1711~1776}과 더불어 당시 영국의

---

1 스미스가 태어난 후 얼마 안 되어 죽었다는 설도 있다.

스코틀랜드 계몽주의를 선도한 저명한 철학자였으며, 당시 라틴어로 강의하던 대학 전통을 깨고 영어로 강의한 급진적 교수였다. 스미스는 허치슨으로부터 자연적 자유, 자연법, 정의, 이성, 자기사랑의 긍정적 평가 등 스코틀랜드 계몽주의의 핵심 주장을 배웠다. 허치슨은 흄과 더불어 스미스에게 가장 큰 영향을 주었다. 이 두 사람과 스미스가 스코틀랜드 계몽주의를 대표한다.

스미스는 1740년(17세) 글래스고 대학을 최우수로 졸업한 후 목사 양성을 위한 장학금을 받고 옥스퍼드 대학에 진학했다. 기대와 달리 옥스퍼드 대학 강의는 매우 부실하여, "옥스퍼드 대학 교수들은 대부분 지난 수년간 강의 흉내도 내지 않을 정도로 자신들의 의무를 완전히 방기했다"라고 스미스는 혹평했다.(《국부론》, 935쪽) 강의에 실망한 스미스는, 강의는 거의 듣지 않고 독학으로 그리스와 로마의 고전과 문학을 공부하다가 목사가 될 생각을 접고 장학금 기간이 끝나기도 전인 1746년(23세)에 고향으로 돌아왔다.

1748년(25세)부터 3년간 그는 지방 유지들의 후원으로 에든버러에서 사설 공개 강좌를 열어 수사학, 문학, 법학, 경제학 등을 강의했다. 유료 강의임에도 명강의로 소문나서 강의는 대성황이었고 그의 명성도 높아졌다. 이 시절에 조금 앞서 언급했던 저명한 철학자 흄과도 알게 되어 흄이 세상을 뜰 때까지 둘은 학문적으로나 인간적으로 가장 가까운 관계를 유지했다.

사설 강좌로 얻은 명성 덕분에 스미스는 1751년(28세)에 모교인 글래스고 대학의 논리학 교수로 취임했고 그 이듬해에 도덕철학 교수로 옮겼다. 아직 학문의 분화가 이루어지지 않았던 당시에 도덕철학은 신학, 윤리학, 법학 및 경제학을 모두 포괄했다. 그는 1764년(41세)까지 13년간 글래스고 대학 교수로 재직했는데 명강의로 소문이 자자했다. 말년에 그는 이 시절이 가장 행복했다고 회고했다.

1759년(36세)에는 그의 첫 저서인 《도덕감정론》이 출판되었다. 《국부론》과 더불어 스미스가 생전에 출판한 단 두 권의 저서 중 첫 번째인 이 책은 그의 철학과 윤리학, 특히 인간 본성에 대한 그의 깊은 통찰을 보여주는 명저이며, 근래 들어 철학, 심리학, 윤리학, 경제학 등에서 다시 널리 크게 주목받고 있다. 이 책의 출판으로 그는 하루아침에 대학자로서 전 유럽에 명성을 떨치게 되었다. 이 덕분에 영국은 물론, 프랑스, 스위스, 멀리 러시아에서도 학생들이 그의 강의를 들으러 글래스고 대학에 왔다. 스미스는 이 책을 평생 동안 가다듬어 모두 6판을 출판했으며, 마지막 판은 그가 사망하기 직전에 출판되었다. 스미스는 《국부론》보다 이 책을 더 자랑스럽게 생각했다고 한다.

《도덕감정론》의 명성 덕분에 1764년(41세) 스미스는 10대 후반의 소년인 버클로 공작Duke of Buccleuch과 그의 동생의 가정교사로 초빙됐다. 요즘과 달리 당시의 대귀족 집 가정교사는 보수는 물론이고 사회적 명예에서도 더 높은 대우를 받았다. 글래스고 대학 교수 연봉의 두 배에 달하는 300파운드의 연봉을 평생 받는 조건이었다. 스미스는 두 형제를 데리고 2년 반 동안 남부 프랑스와 파리, 그리고 스위스의 제네바를 여행했다. 이 여행에서 그는 당대의 세계적 지성 볼테르Voltaire, 달랑베르d'Alembert 등 프랑스의 백과전서파, 미국의 저명한 정치가이자 과학자 프랭클린Benjamin Franklin 그리고 프랑스 중농주의의 지도자 케네François Quesnay 등을 만났다. 케네는 당시 프랑스의 중상주의 경제 규제를 반대하고 경제의 자유방임을 주장하여 스미스에게 큰 영향을 주었다. 자유방임을 말하는 'Laissez-faire'let-free란 말도 프랑스 중농주의자들의 구호에서 온 말이다.

1766년(43세) 프랑스에서 귀국한 뒤 가정교사직을 끝낸 스미스는 고향 커콜디에 살면서 프랑스 여행 중에 집필을 시작했던《국부론》을 10년 동안 절차탁마하여 1776년(53세)에 출판했다. 스미스는《국부론》을 계속 수정하여 최종판인 5판을 죽기 바로 전 해인 1789년(66세)에 출판했다.

당시 유럽의 지배적 사조인 중상주의를 비판하고 경제적 자유주의를 명쾌한 논리와 풍부한 역사적 자료를 이용하여 매우 설득력 있게 주장한 이 책은, 평생 문학과 수사학을 단련한 덕분에 표현도 유려하고, 그간 부지런히 발품을 팔아 현장을 면밀히 조사하고 많은 사람들과 대화하고 토론한 덕분에 내용도 현실적이고 풍부했다.《도덕감정론》에 이어《국부론》도 출판 즉시 큰 호응을 얻었으며, 불어와 독일어 등 6개 국어로 번역되면서 스미스는 또 한 번 전 유럽에 명성을 떨쳤다.

그가 이 책에서 주장한 경제적 자유주의는 당시 새로운 사회 주도세력으로 떠오르던 중소상공인들의 생각을 정확히 대변함으로써 이들의 전폭적인 지지를 받았으며, 당시 영국 수상 피트William Pitt; the Younger Pitt 등 영국 정·재계 지도자들에게서도 큰 호응을 얻었다. 현실에서 완전한 자유무역이 실제로 실시된 것은 19세기 중반 약 30년 정도의 영국뿐이었지만, 적어도 경제적 자유주의는 19세기 유럽의 시대정신이었다. 자유방임 경제정책이 옳은 방향이라는 것이 19세기 대부분 유럽 지식인들의 믿음이었다. 이 새로운 시대의 문을 연 것이《국부론》이었다. 비단 19세기뿐만 아니라 오늘날에도 경제적 자유주의는 신자유주의로 다시 부활하여 세계를 풍미하고 있다.

《국부론》이 출판된 1776년부터 세상을 떠날 때까지 14년 동안 에든버러에 살면서 스미스는 '스코틀랜드 세관위원회' 위원으로 일했다. 이 직책은 일은 별로 없고 연봉은 공작집 가정교사 연봉의 두 배인 600파운드였다. 그는 런던과 에든버러 두 정부의 자문에도 응하면서 명예롭고 여유 있는 노년을 보냈다. 1787년(64세)에는 글래스고 대학의 '명예이사 Lord Rector'에 선출되어 진심으로 기뻐했다. 영국 대학에만 있는 이 직책은 학생들의 직접선거로 선출되며 학생들의 권익보호를 임무로 하는 임기 3년의 비상근직이었다.

67세이던 1790년 7월 스미스는 에든버러에서 병으로 며칠 앓다가 눈을 감았다. 평생 독신으로 아버지도 형제도 없이 홀어머니의 수발을 받으면서 살았지만, 학문적으로도 사회적으로도 크게 성공한 저명한 학자로서의 명예롭고 풍족한 일생이었다. 그는 공작이 주는 연금, 세관위원회 봉급, 책 인세 등으로 상당한 수입이 있었는데 대부분을 가난한 사람들에게 남모르게 기부해왔던 사실이 사후에 알려졌다고 한다.

스미스는 도덕철학에 포함되는 철학, 신학, 법학, 경제학 말고도 수사학, 문학, 자연과학, 역사학 등 많은 분야에 걸쳐 박식했고 원고도 많이 써두었으나 죽기 직전에 스스로 대부분 소각했다. 다행히 소각을 면한 원고들이 1795년 유고집인 《철학논고》*Essays on Philosophical Subjects*로 출판되었다. 《국부론》과 《도덕감정론》 외에 《법학강의록》*Lectures on Jurisprudence* 두 권과 《수사학과 문학 강의록》*Lectures on Rhetoric and Belles Letters*이 있는데, 이 강의록들은 글래스고대학에서 그의 강의를 들은 학생들의 필기 노트들이 사후에 발견되어 출판된 것이다.[2]

거대한 코, 개구리 눈, 튀어나온 입술을 가졌던 스미스는 말더듬이에다 생각에 빠지면 정신줄을 놓는 버릇까지 있

---

2 두 《법학강의록》은 1895년과 1958년에, 《수사학과 문학 강의록》은 1958년에 발견되었다. 두 《법학강의록》은 분량은 다르나 내용은 같다.

어서 많은 일화를 남겼다. 잠옷 바람으로 큰 길을 25킬로미터나 걸어 간 적이 있으며, 찻주전자에 버터 바른 빵을 넣은 더운 물을 마시고는 세상에 이런 맛없는 차가 있느냐며 투덜댄 적도 있다고 한다. 그러나 기억력과 관찰력이 뛰어날 뿐 아니라, 지혜롭고 부지런하고 공부를 좋아하며, 인간성 좋고 성실하고 사교적이어서 교수와 학자로 대성공했으며, 피트 수상을 비롯한 당대 영국의 많은 명사들과 친했다. 저명한 철학자 흄, 저술가이자 정치인이었던 에드먼드 버크Edmond Burke, 역사가 에드워드 기번Edward Gibbon과 절친했다. 또한 상공인, 은행인, 기술자 등 다양한 각계각층 인사들과 두루 교류하며 현실의 경제, 정치, 사회에 관한 얘기를 많이 듣고 토론하고, 열심히 발품을 팔아서 조사하고 쓴 덕분에 《국부론》은 단순한 이론서가 아니라 경제, 정치, 사회 여러 분야의 현실을 생생히 보여주는 설득력과 생명력을 갖는 고전이 되었다.[3]

---

3 《도덕감정론》이 지혜로 가득 차서 감탄이 절로 나오는 것과 달리, 《국부론》은 장황하여 읽기 지루한 부분도 많고, 분량도 많아서(원서로 1,000쪽 가까움) 완독하려면 상당한 인내심이 필요하다.

2장 자본주의의 기원과 흐름

모든 사회사상이 그러하듯 스미스의 사상도 시대의 산물이므로 스미스가 살았던 18세기 후반 영국사회를 간략히 살펴보자. 근대 사회의 두 기둥은 자본주의라는 경제체제와 의회민주주의라는 정치제도일 것이다. 이 두 사회질서는 16세기 말 네덜란드에서 처음으로, 그다음 17세기 말 영국에서 확립되었다.

상업자본주의의 발전과 시장경제의 확립

스미스와 마르크스Karl Marx가 모두 인정한 바와 같이, 경제발전은 모든 사회발전을 이끄는 토대이므로 경제적 배경을 먼저 보자. 스미스가 활동하던 18세기 후반의 영국경제는, 자본주의가 아직 완전히 성숙하지 않았으나, 산업혁명이 시작되기 직전의 공장제수공업manufacture[1]이 크게 발달하여 시장경제가 이미 확립된 상태였다.

시장경제와 자본주의란 용어를 잠깐 정리하고 넘어가자. **시장경제**란 인간생활에 필요한 물자들이 시장에서 상품으로 매매되어 교환되는 경제, 곧 시장을 통한 사회적 분업이 확립된 경제라고 볼 수 있다. **자본주의(경제)**란 시장경제에 사유재산제도 및 자본가와 노동자로의 계급분화라는 두 조건이 더해진 경제를 말한다. 이론적으로는 조합사회주의[2]처럼 시장경제가 공유재산제도와 결합할 수도 있다. 그러나 현실에서 사유재산제도와 계급분화가 수반되지 않은 시장경제는 거의 존재하지 않으므로 시장경제와 자본주의는 사실상 같은 경제라 해도 무방하다. 다만 시장경제는 시장기구를 강조하는 반면에, 자본주의는 자본가와 노동자로의 계급분화와 사유재산제도를 강조하는 용어

---

1 기계동력은 이용하지 않지만, 가내수공업을 벗어나서 자본가가 공장을 차려 노동자를 고용하여 공장에서 대량으로 상품을 생산하는 생산방법.

2 **사회주의**(socialism)란 생산수단이 사회적으로 공유되어 생산과 분배가 공동으로 행해지는 경제를 말한다. 사회주의에는, 국가가 모든 생산수단을 소유하고 국가의 계획에 의해 생산, 투자, 분배가 이루어지는 **국가사회주의**와, 생산조합단위로 생산수단이 공유되어 생산과 투자가 이루어지고 조합이 생산한 생산물이 시장에서 상품으로 교환되는 **조합사회주의**가 있다. 현실에서 조합사회주의는 거의 없기 때문에 사회주의는 통상 국가사회주의를 말한다. 스미스 시대에는 자본주의나 사회주의란 말이 없었다.

라고 볼 수 있다. 이 책에서는 이 둘을 구분하지 않는다.

　우리나라를 포함하여 동서양을 막론하고 고대나 중세 시대에도 모든 문명사회에는 항상 사유재산제도와 무역과 시장이 존재해왔다. 그러나 자본주의 이전에는 생산물의 일부만 상품으로 매매된 데 비하여, 근대 자본주의에서는 생산물 거의 전부가 상품으로 생산되어 매매된다는 점이 다르다. 즉 자본주의 이전에는 경제의 일부분만 시장경제였던 데 비하여, 근대 자본주의에서는 경제의 대부분이 시장경제이다. 또한 대부분 사람들이 소수 자본가나 다수 노동자로 살아간다는 점에서도 자본주의는 과거의 경제와 질적으로 다르다.

　서양에서 대략 16세기부터 본격적으로 시작된 자본주의는, 상업자본주의, 산업자본주의, 독점자본주의, 수정자본주의 및 투기자본주의의 순으로 변천해왔다고 볼 수 있다.

상업자본주의는 무역을 비롯한 상업이 이윤창출과 자본축적을 주도했으며 상인들이 경제의 주도권을 잡던 초기 자본주의이다. 서양에서 대략 16세기에서 18세기까지의 중상주의 시대가 이 시기에 해당한다.

　1800년을 중심으로 약 반세기 동안 영국에서 산업혁명이 발생하면서 산업자본주의가 시작되었다. **산업혁명**이란 증기기관을 비롯하여 방직업, 방적업, 철강업, 광업 등 주요 산업에서 근대적 생산기계들과 증기기관이 발명되고 도입되어 산업 생산이 혁명적으로 증대한 것을 말한다. 산업혁명은 19세기에 영국에서 프랑스, 독일, 미국 등 여러 나라로 전파되었다. 이로 인해 자본가와 노동자로의 계급분화, 농업에서 공업으로의 중심산업 이동, 수많은 중소기업의 등장 및 도시화가 이루어졌다. 19세기 유럽과 북미는 산업자본주의의 세상이었다. **산업자본주의**란 상업이 아니라 제조업과 광업이 이윤창출과 자본축적을 주도하는 산업이며, 상인이 아니라 산업자본가(제조업과 광업 자본가)가 경제의 주도적 역할을 하는 자본주의이다.

산업자본주의는 원래 수많은 중소기업들 간에 경쟁이 치열한 경쟁시장에서 발생했다. 그러나 경쟁에서 패한 많은 중소기업들이 퇴출되고 소수의 독과점 기업들이 시장을 지배하는 **독과점화**가 진행되었다. 그 결과 19세기 말부터 세계는 **독점자본주의** 시대로 진입했다. 이 시기에 영국, 독일, 프랑스, 미국, 일본 등 열강은 자국 내 상품시장과 투자기회가 부족해짐에 따라 군함과 대포로 후진국을 침략하는 **제국주의**에 의존하게 되었다. 1차 세계 대전은 이러한 제국주의 열강들 간 무력 각축의 필연적 결과였다.

　주기적 불황은 1810년경 영국에서 처음 등장한 이래 약 10년을 주기로 전 세계적으로 반복되었으며, 거듭될수록 점점 더 그 규모와 정도가 확대되었다. 1873년에 시작된 세계적 **대불황기**the Age of the Great Depression[3]는 1896년까지 20년 넘게 지속되었다. 이 대불황을 계기로 열강들은 다시 보호무역주의로 회귀했으며 제국주의를 크게 강화했다. 1차 세계 대전 이후에도 주기적 불황은 계속 발생하여 1929년 10월 뉴욕 주식시장의 주가폭락으로 촉발된 **대공황**the Great Contraction이 전 세계를 강타했다. 대불황기보다 훨씬 피해가 심했던 대공황으로 인해 각국의 고용과 생산은 크게 감소했다. 특히 미국은 거의 절반 수준으로 떨어졌다. 이로 인해 스미스 이래의 자본주의에 대한 신뢰가 완전히 붕괴되었다. 대공황의 한가운데인 1936년에 출판된 케인즈의《일반이론》[4]은 정부가 중앙은행을 통해 통화를 발행하여 마련한 재원으로 대규모 공공사업을 벌일 것을 불

3　이 기간 동안 도매물가가 영국, 미국, 독일, 프랑스 등에서 모두 40% 가량 하락했다.

황 대책으로 제안했다. 대공황 이후 1970년대까지 구미와 일본의 선진국 정부들은 복지국가를 지향하여 케인즈의 충고대로 경제에 적극 개입하였는데, 이 시대 이들 선진국의 자본주의를 **복지국가형 수정자본주의**라고 부를 수 있을 것이다.

케인즈는 그의 《일반이론》에서 정부가 통화 증발로 마련한 재원으로 재정지출을 확대하여 총수요를 확대하고 일자리를 창출하는 정책을 제안했는데, 이 정책을 최초로 실시한 것은 미국 루스벨트 Franklin Roosevelt 대통령의 뉴딜 the New Deal 정책이었다. 그런데 이 정책은 케인즈의 《일반이론》이 나오기 전인 1933년에서 1935년에 이미 입법화되어 실시되었다. 이를 보면 케인즈의 정책은 케인즈의 독창적인 것이 아니라 당시에 이미 시대정신이 되어 있었던 것을 사후에 이론적으로 정리한 것이라고 볼 수 있다. 케인즈가 설득한 것은 정치인들과 대중이 아니라, 대공황을 보면서도 불황과 대량실업은 있을 수 없다는 고전학파의 완

---

4 Keynes, John M., *The General Theory of Employment, Interest and Money*, Macmillan and Company Ltd., 1936; 조순 역, 《고용, 이자 및 화폐의 일반이론》, 비봉출판사, 1985.

전고용 이론에서 헤어나지 못하고 있던 완고한 주류경제학자들이었다. 현실을 설명할 수 있는 이론이 없으면 현실을 인정하지 못하던 주류경제학자들은 케인즈가 불황을 설명할 수 있는 이론을 제시한 이후에야 비로소 불황을 인정하게 되었다.

2차 세계 대전 후 1970년대까지 한 세대 정도 구미 선진국들은 정부의 적극적 경제개입 덕분에 시장의 실패에 성공적으로 대처하여 공정한 분배, 경제의 안정과 성장을 상당한 정도로 달성하여 장기 경제번영을 구가했다. 이처럼 정부의 경제개입이 경제에 긍정적인 효과를 낳는 것을 **정부의 성공**government success이라고 부른다.

수정자본주의 하에서는 정부의 규모도 크게 증대했다. 20세기 초에 5~10% 정도에 불과하던 구미 국가들의 국민소득에 대한 정부예산 비율이 1970년대에는 40%를 넘었다. 정부의 비대화는 정부의 성공과 더불어 동시에 **정부의 실패**(정부의 월권, 무능과 부패)를 증대시켜왔다. 또한 수정자본주의 하에서는 정부의 노동 친화적 정책으로 노동조합도 커지고 힘도 강해졌다. 이에 따라 정부와 거대 노조에 대한 일반 국민의 반감도 점차 증가했다. 결국 비대해

진 정부의 실패와 노조에 대한 반감을 배경으로 자유방임 경제의 부활을 주장하는 **신자유주의**가 1980년경[5]에 등장하여 세계를 휩쓸게 되었다. 신자유주의는 작은 정부와 경제의 자유화를 지향하여, 공공복지 축소, 규제철폐, 공기업의 민영화, 노동시장 유연화, 무역과 금융·외환의 대외 거래 자유화 등의 정책을 추진했다. 신자유주의 정책은 세계화를 배경으로 전 세계에 퍼져서 오늘날 선후진국을 막론하고 세계를 지배하고 있다.

신자유주의가 지배하는 1980년대 이후의 세계 자본주의를 **투기자본주의**라고 부를 수 있을 것이다. 현재 세계 외환시장의 하루 거래액이 5조 달러가 넘는데 이 중 99%가 **투기자본**hot money의 이동이라고 한다. 20세기 초 자본시장의 중심이 채권시장에서 주식시장으로 이동했을 때 세계 금융시장은 이미 투기시장으로 변했지만, 1980년대 이후 신자유주의 정책으로 각국 정부가 금융과 외환거래에 대한 규제를 거의 폐지한 탓에 세계 자본시장이 하나로 통합되면서 자본시장의 투기적 성격은 더욱 심화되었다. 세계적

---

5 영국의 대처(Margaret Thatcher) 수상은 1979년에서 1990년까지 집권했고, 미국의 레이건(Ronald Reagan) 대통령은 1980년에서 1988년까지 재임했다.

금융투기의 심화와 확대가 오늘날 세계적인 빈부격차의 확대와 경제 불안정을 초래하는 주된 요인이라고 생각된다.

17세기 들어 영국에서는 상공업과 함께 금융도 크게 발전했다. 왕정복고(1660)이후 런던의 금세공업자들이 은행 역할을 담당하기 시작했다. 이들은 예금증서로 은행권을 발행하면서 기업들에게 자금도 대출해주었다. 1694년에는 영국의 중앙은행인 **영란 은행**이 설립되었으며, 18세기 후반에는 은행 수가 전국에서 비약적으로 증가했다.

18세기 영국에서는 교통망도 크게 발전했다. 민간자본이 건설한 유료 고속도로가 널리 건설되었으며, 운하도 17세기 후반부터 본격적으로 건설되기 시작하여 1750~1820년 사이에 3000마일까지 확장되었다.

스미스가 활동했던 18세기 후반 영국경제는 산업혁명이 발생하기 직전 시기로서 상업자본주의에서 산업자본주의로 넘어가는 과도기였으며, **공장제수공업**이 널리 행해지던 시대였다.

이상에서 본 바와 같이 스미스가 살았던 18세기 후반의 영국은 시장경제가 상당히 발달된 경제였다. 그러나 아직 산업자본주의로는 성숙하지 않아서 시장의 실패가 분명히 드러나지 않기 때문에, 스미스는 경제를 발전시키는 자본주의의 밝은 면인 시장의 성공만 보고 시장의 실패라는 자본주의의 어두운 면은 보지 못했다.

의회민주주의의 확립

자본주의의 발전을 토대로 민주주의가 발전한 것이 근대 서양사의 흐름이다. 자본주의의 발전이 부르주아지(상공인계층)란 새로운 사회 주도세력을 낳았으며, 이들이 주도한 시민혁명이 기존의 절대왕정을 무너뜨리고 민주주의를 세웠다. 의회민주주의를 처음 완성한 국가는 네덜란드[6]였고 영국은 그다음 두 번째로 이를 실현했다. 영국은 1688년 명예혁명으로 시민혁명을 완수하고 의회민주주

---

6 네덜란드는 영국보다 1세기 정도 앞선 16세기 말에 시민혁명에 성공하였다. 스페인의 식민지였던 네덜란드는 1568년부터 독립전쟁을 일으켜서 1579년에 위트레흐트 동맹을 맺어 독립을 선언하고 공화국을 건설했으며 의회민주주의를 확립했다. 1648년까지 80년간 계속된 이 독립전쟁은 네덜란드의 승리로 끝났다. 네덜란드는 17세기에서 18세기까지 서유럽의 무역과 금융 등 경제의 중심지였으며, 농업, 금융, 제조업 및 조선업 등의 기술을 영국에 가르쳤다. 이 시기에 네덜란드는 유럽에서 정치적으로도 가장 자유로운 국가였다.

를 확립했다.

영국은 일찍이 1215년에 **대헌장**Magna Carta을 만들어 왕의 전횡을 제한했다. 존 왕King John이 귀족의 압력에 굴복하여 서명한 이 문서는, 국민 대다수를 점하는 농노를 제외시키고 귀족과 도시 자유시민의 권익만 옹호했다는 한계가 있었지만, 왕에 대한 신민의 반란권, 세금에 대한 신민의 동의권 및 인신보호권을 인정하여 그 후 왕의 전횡에 대한 저항의 근거가 되었다.

그 후 14세기에서 16세기까지 영국도 헨리 8세와 엘리자베스 1세로 대표되는 강력한 절대군주제 시대를 겪었으나 17세기에 들어와서 절대왕정에 대항하는 시민혁명이 시작되었다. '대헌장'의 내용을 재확인한 '권리청원'(1628), 의회의 조세 승인권을 재확인한 '3개조례'(1629), 왕당파와의 내전에서 크롬웰Oliver Cromwell이 이끈 의회파의 승리로 끝난 '청교도혁명'(1642~1646), 찰스 1세의 처형(1649), 크롬웰의 공화정(1649~1658), 왕정복고(1660), '인신보호율'의 제정(1679), 제임스 2세를 추방한 '명예혁명'(1688)의 성공으로 왕과 의회 간의 긴 싸움은 의회의 승리로 끝나고 시민혁명은 완성되었다. 이로써 왕은 군림하나 통치하지 않으며, 국민이 선거로 선출한 의회가 내각을 만들어 국정을 운영하는 입헌군주제 하의 의회민주제가 확립되었다.

국왕과 싸워 의회가 승리한 것은 영국이 17세기에 봉건제 사회에서 상업자본주의 사회로 완전히 이행하였음을 보여준다. 당시 왕과 의회의 싸움에서 왕당파는 주로 국교도와 지주들이었고, 의회파는 청교도를 비롯한 신교도와 도시 상공인들이었기 때문이다. 그러나 재산을 기준으로 선거권을 제한했기 때문에 의회는 대상공인들이 장악하고 중소상공인, 농민 및 노동자는 배제되었다. 당시 영국의회는 대상공인들의 이익을 대변하였다.

의회중상주의의 지배

중세에 수백 개의 소국들로 갈라져 있던 유럽이, 15~16세기에 프랑스, 스페인, 영국, 오스트리아, 네덜란드, 스웨덴, 덴마크 등 근대의 **국민국가** nation[7]로 통합되었으며 18세기까지 이들 국민국가들 사이에 치열한 영토전쟁이 빈번히 벌어졌다. 이 때문에 부국강병은 각국의 지상과제였고 그

결과로 나타난 경제적 국가주의가 중상주의였다. **중상주의**
mercantilism는 16세기에서 18세기까지 유럽의 근대국가 형
성기이자 상업자본주의시대를 지배했던 경제적 국가주의
economic nationalism 내지 국가주의 경제정책 체계이다.

　부국강병을 위해서 각국 정부는 당시의 화폐였던 금과
은을 가능한 한 많이 확보하려고 적극적으로 중상주의정
책을 실시했다. 수출장려와 수입억제, 금은 광산 개발, 영
업권 인가, 국영기업 운영 등 경제에 대한 각종 적극적 개
입과 규제가 이를 위해 동원되었다. 식민지 운영도 금은
획득이 주목적이었다. 금은이 부의 원천이라고 보았던 중
금주의重金主義와 보호무역주의를 비롯한 정부의 경제규제
가 중상주의의 주요 내용이었다.

　중상주의는 국가권력의 주체가 누구냐에 따라서 왕실
중상주의와 의회중상주의로 구분된다. **왕실중상주의**는 절
대군주제의 정부가 절대군주의 이익을 위해 운영한 중상

7　nation을 흔히 민족이라고 번역하지만 정확한 뜻은 근대국가라고 보아야 할
　것이다. 같은 민족이 여러 국가에 흩어져 살고 있는 경우도 많고, 한 국가에
　도 여러 민족이 같이 사는 경우가 많기 때문이다. nationalism도 민족주의보
　다는 국가주의로 번역하는 것이 좋을 것이다.

주의인 반면, **의회중상주의**는 의회민주제가 확립된 국가에서 의회를 장악한 대상공인계급이 자신들의 이익에 부합하도록 실시한 중상주의를 말한다. 절대군주제가 확립된 16~18세기의 프랑스, 스페인, 포르투갈이 왕실중상주의의 대표이다. 이들 국가에서는 절대군주가 마음대로 세금을 부과하고 백성의 재산을 강제 몰수하기도 하고, 무역 등 민간의 경제활동을 엄격히 규제했다.

반면에 의회중상주의는 시민혁명이 성공한 이후 네덜란드와 영국에서 나타났던 중상주의이다. 네덜란드에서는 16세기 후반 시민혁명에 성공한 이후 의회를 장악한 대상공인 계급이 자신들의 이익을 주로 도모했다. 당시 네덜란드는 정치와 경제 모두에서 다른 나라들보다 훨씬 더 자유로운 나라였다. 이 덕분에 네덜란드는 16세기에서 18세기까지 유럽에서 정치와 경제에서 가장 자유로운 최선진국이었다. 당시 네덜란드는 프랑스의 데카르트, 영국의 로크와 같은 정치망명자들의 피난처였고 유럽의 학문과 무역의 중심지였다.

영국도 명예혁명(1688) 이후 의회민주주의를 확립하고 의회중상주의를 추진했다. 영국도 네덜란드처럼 재산을 기준으로 선거권을 제한한 탓에 대상공인 계급이 의회를 장악하여 자신들만의 이익을 도모하는 의회중상주의정책을 실시했다. 예컨대 이들은 자신들이 제조하는 제품의 원재료를 수입할 때는 관세를 면제하고 자신들의 생산물과 경쟁관계에 있는 외국의 완제품에 대해서는 높은 관세를 부과했다.

네덜란드보다 경제발달 정도가 뒤처졌던 영국의 중상주의는 네덜란드와 프랑스의 중간 정도였다. 영국에는 가혹한 세금도 없었고 경제에 대한 규제도 느슨했다. 그러나 높은 수입관세, 수출입 시에 외국 선박의 이용을 금하는 **항해조례,**[8] **동업자조합** guild[9]의 규제, 구빈법[10]에 의한 거주 제한, 곡물 가격과 금리에 대한 규제 등은 아직 남아 있었다.

정치권력이 경제를 통제하는 중상주의에서는, 왕실중상주의든 의회중상주의든 상관없이 모두 정권과 대자본 간

8 영국과 그 식민지의 수출입에 영국 선박만 이용하도록 규정한 법이다. 네덜란드를 주목표로 한 이 법은 1651년에 크롬웰이 처음 제정했으며 1849년까지 존속했다.

9 중세에 상공업자들의 동업자조합은 일정 연수 동안 장인 밑에서 도제수업을 받고 조합의 승인을 받아야만 개업할 수 있도록 강제했다.

10 1601년에 처음 제정된 이 법은, 각 지역 교회가 빈민 구제의 책임을 지도록 하면서 동시에 빈민들의 지역 이동을 금지했다.

의 **정경유착**이 필연적으로 발생하게 된다. 이권을 주고받는 은밀한 밀실담합이 수많은 중소기업과 정권 간에 이루어질 수는 없고, 소수의 대자본과 정권 사이에서만 이루어질 수 있기 때문이다. 소수 대자본과 정권 간의 정경유착, 소수 대자본으로의 경제력 집중, 그리고 이로 인한 인위적인 독과점은 중상주의 경제규제의 필연적 결과이다.

중상주의 경제규제는 정부와 유착한 대자본에게는 특혜를 준 반면에 정경유착에서 소외된 중소기업의 경제활동은 억압했으므로, 스미스 당시 새 시대의 주역으로 부상하던 중소상공인들은 중상주의 규제를 반대하여 정부규제의 철폐와 경제활동의 자유를 주장했다. 이를 대변한 것이 스미스의 경제적 자유주의였다.

얼핏 보면 이는 현재의 신자유주의가 주장하는 경제적 자유주의와 같아 보이지만, 그 속은 근본적으로 다르다. 현대의 신자유주의가 주장하는 경제적 자유주의는 스미스와는 반대로 중소기업이 아니라 대기업의 이익을 대변하고 있기 때문이다. 현대 자본주의에서 정부 경제규제의 주요 내용은 독과점과 환경오염에 대한 규제이고, 규제의 대상은 주로 대기업들인데, 이들이 현재 경제의 자유를 주장하고 있다. 이는 스미스의 경제적 자유주의가 대기업이 아니라 중소상공인들의 이익을 대변했던 것과 반대다. 스미스 당시 독점기업들은 정부규제로 피해를 본 것이 아니고 정부규제 덕분에 이득을 보았다.

정부의 적극적 경제개입, 대자본과 정부의 정경유착, 이로 인한 재벌의 비대화는 비단 중상주의에서만이 아니라 정부 주도의 경제개발이 이루어지는 산업화 초기에 나타나는 일반적 현상이라고 볼 수 있다. **관치경제**라고 불리는 1960년대 이후 30년간의 군사독재 시절 우리 경제나, 1970년대 말 개방 이후의 중국경제도 중상주의처럼 정경유착 하에서 재벌의 비대화가 심각하게 나타났다. 이런 면에서 중상주의를 비판한 스미스의 경제적 자유주의는 현재 우리나라에도 시사하는 바가 크다고 하겠다.

3장　　　　　　　　　《국부론》의 철학적 기초

스미스의 자유주의는 단순히 경제에만 한정되지 않고, 신학, 철학, 윤리학, 법학을 모두 포괄하는 종합적 세계관이다. 이런 세계관 위에서 그는 경제규제 철폐와 경제 자유화를 주장했다. 따라서《국부론》을 잘 이해하려면 그의 세계관을 알아야 하고, 이를 위해 먼저《도덕감정론》과《법학강의록》에 나와 있는 그의 신학, 철학, 윤리학과 법학의 내용을 알아야 한다.

　위대한 학자의 공헌은 새로운 이론을 창출한 데 있기도 하지만, 흩어져 있는 여러 구슬을 실로 꿰어서 하나의 보배로 만들듯 기존의 여러 생각들을 하나로 묶어서 새로운 체계를 만들어 새로운 시대정신을 제시하는 데 있는 경우도 있다. 스미스가 이런 경우이다. 보이지 않는 손, 공감, 자기사랑, 자연적 자유, 자연조화 등은 모두 허치슨이나 흄과 같은 스코틀랜드 계몽주의자들이 먼저 주장한 말들이지만, 스미스는 이들을 모아서 경제적 자유주의란 새로운 체계를 풍부한 자료와 엄밀한 논리로《국부론》에서 설득력 있게 최초로 제시했다.

아직 학문의 분화가 제대로 이루어지지 않았던 당시에 스미스가 가르쳤던 도덕철학이란 과목은 요즘 말로는 신학, 윤리학, 법학 및 경제학의 네 부분으로 구성되어 있었다. 그의 신학과 윤리학은《도덕감정론》에, 그의 법학은 《법학강의록》에, 그의 경제학은《국부론》에 나와 있다.

신학

스미스가 가르친 신학은 **자연신학**natural theology으로 신의 존재와 속성의 증명 등을 다루었다고 한다. 자연신학에 관해 그가 쓴 책이나 강의록은 남아 있지 않아 그 내용을 자세히 알 수는 없지만,《도덕감정론》을 통해 그가 이신론과 이에 기초한 자연조화설을 믿었다는 것을 알 수 있다. 이런 그의 신앙관은 경제학을 비롯한 그의 자유주의 사상의 기초가 되었다.

이신론

기독교인이든 불교도이든 무슬림이든, 거의 모든 신자들은 자신의 개인적 소원을 이루어달라고 기도한다. 이처럼 신이 우주와 인간 세상의 모든 것을 관장한다고 보는 신앙을 **인격신론**人格神論, theism이라고 한다. 기독교도 인격신론이다. 인격신론에 따르면, 별의 운행, 일기변화, 전쟁, 개인의 부귀영화나 생로병사 등 우주와 인간 세상의 모든 현상은 신이 일일이 관리한 결과이다. 즉, 신은 삼라만상과 세상만사에 일일이 간여하는 인격신이다. 그러나 근대 자연과학이 발달함에 따라 인격신론이 흔들리기 시작했다. 특히 뉴턴Isaac Newton, 1642~1727의 천체물리학은 인격신론에 결정적인 타격을 가했다. 17세기 후반 뉴턴에 의해 밤하늘의 별들이 일정한 법칙에 따라 스스로 질서정연하게 운행됨이 밝혀짐으로써, 일부 지식인들은 기존의 인격신론을 믿지 못하게 되었다.

이처럼 발전된 새로운 자연과학과 조화를 이루기 위하여 등장한 새로운 기독교 유신론이 **이신론**理神論, deism이다. 이신론을 **자연신학**이라고도 한다. 이신론에 따르면, 신은 자연이나 인간생활의 개별 현상에 직접 간여하지 않고, 자연과 인간사회가 따라야 할 법칙(섭리)만 만들었으며, 자연과 인간 세상은 이 법칙에 따라 저절로 운행된다. 이는 전통적인 견해였던 인격신론을 비판하고 새로이 등장한 신학이었다. 이신론에 따르면 뉴턴이 발견한 천체운행의 법칙은 신이 만들어놓은 섭리이다. 이신론은, 로크, 흄, 칸트[Immanuel Kant, 1724~1804], 볼테르, 페인[Thomas Paine, 1737~1809][1] 등, 17~18세기 영국, 프랑스, 미국, 독일의 계몽주의 지식인들 사이에 널리 보급되었다.

18세기 스코틀랜드는 유럽대륙과 북미를 상대로 무역과 상공업이 발달했고 이런 경제발전을 토대로 잉글랜드보다 더 수준 높은 근대 사상과 학문의 발전을 이룩했는데 이를 **스코틀랜드 계몽주의**라고 부른다. 인간의 이성을 신뢰하고, 자연적 자유와 자연법의 존재를 믿고, 정의의 실천을 강조하고, 자기사랑을 긍정적으로 평가하는 것 등이 이 사상의 주 내용이다. 맨더빌,[2] 허치슨, 흄 및 스미스가 그 대표였다.

---

1 영국 출신의 미국의 정치가, 사상가, 미국 건국의 아버지 중 한 명.

2 Bernard Mandeville(1670~1733). 네덜란드 출신의 영국 의사 겸 도덕철학자. "개인의 악덕이 사회의 이익"이라는 부제가 붙은 풍자시 《꿀벌의 우화》를 발표하여 당시 영국 사회의 위선을 비판했다. 탐욕에서 비롯되는 소비가 사회의 부를 증대시키고, 국가경제를 발전시킨다고 주장하여 스미스의 선구가 되었다.

이들은 영국의 경험철학과 자유주의에 기초하여 근대적인 철학, 역사학, 윤리학, 정치학 및 경제학을 발전시켰다.

스미스가 이신론을 믿었다는 것은 《도덕감정론》에서 쉽게 알 수 있다. '위대한 설계자', '성스러운 우주의 건축가', '우주의 계획자' 등 우주의 창조주로서 신에 해당하는 표현들이 《도덕감정론》에 많이 등장한다. 유명한 '보이지 않는 손'the invisible hand은 신의 섭리를 가리키는 말이다. 무질서하게 움직이는 것처럼 보이는 하늘의 별들이 실은 모두 만유인력의 법칙이라는 신이 만든 법칙에 따라서 질서정연하고 조화롭게 움직이는 것처럼, 무질서하게 움직이는 것처럼 보이는 인간 세상도 신의 섭리에 따라서 질서정연하고 조화롭게 움직인다는 것이다. 신의 섭리는 만유인력의 법칙이나 보이지 않는 손처럼 우리 눈에 보이지 않고 숨어 있기 때문에 인간과 만물은 **자신도 모르게** 신의 섭리에 따라 움직이면서 신의 목적을 실현하게 된다.

우주의 모든 부분에서 우리는, 그들이 (신에 의하여-필자) 만들어질 때 (신이-필자) 의도했던 목적을 가장 잘 실현시킬 수 있도록, 가장 교묘하게 만들어진 수단이 존재함을 본다. 그리고 식

물의 조직이나 동물의 신체에서, 개체의 보존과 종족의 번식
이라는 자연의 가장 위대한 두 목적을 실현하기 위해 모든 것
이 얼마나 잘 만들어져 있는가를 우리는 찬양한다. (…) 시계의
톱니바퀴들은 시간을 가리킨다는, 그것이 만들어진 목적에 적
합하게 감탄할 만큼 잘 만들어져 있다. 그들의 모든 여러 작동
들은 이 효과를 실현하기 위해 가장 훌륭한 방법으로 설계되
어 있다. 그들의 모든 작동은 이 목적에 가장 잘 적합하게 만들
어져 있다. 만일 그들이 이 목적을 실현할 의도나 목적을 갖고
있도록 만들어졌다면 그들은 잘할 수 없을 것이다. 그러나 우
리는 시계가 그런 의도를 갖도록 하지 않고 시계 제작자가 그
런 의도를 갖고 만들도록 주문한다. 《도덕감정론》, 87쪽)

스미스의 보이지 않는 손은 각 개인이 각자 자신의 이익
을 추구하는 과정에서 자신도 모르게 사회를 발전시키는
신의 섭리를 말한다. 스미스는 이를 **자연의 속임수**deception
라고 불렀다(《도덕감정론》, 183쪽). 보이지 않는 손은《도덕감
정론》과《국부론》에서 각각 한 번씩 등장한다.《도덕감정
론》에서는 지주들이 자신의 사치나 탐욕을 위해서 자신들
의 부를 소비하지만 그 덕분에 그를 위해 일하는 농민과 하

인, 그가 소비하는 자질구레한 물품들을 생산하고 공급하는 가난한 사람들이 생필품을 얻게 된다는, 원래 부자들이 의도하지 않았지만 사회적으로 선한 결과가 나타나는 것이 보이지 않는 손에 이끌린 결과라고 했다.[3] 《도덕감정론》, 184~185쪽) 《국부론》에서는 각 개인이 자신의 이익을 최대화하기 위해 이윤율이 높은 부분에 투자하고, 그 결과로 투자가 효율적으로 이루어져서 사회의 총생산이 최대가 됨으로써 자신이 전혀 의도하지 않았던, 사회적으로 바람직한 결과를 초래하게 되는 것이 보이지 않는 손에 이끌린 결과라 했다(《국부론》, 552쪽). 보이지 않는 손은 스미스가 경제를 얼마나 비현실적으로 낙관적으로 보았는가를 보여준다.

자연조화설

자연과 인간 세상에서 모든 것이 저절로 전체의 조화와 선을 이루므로 인간이 의도적으로 개입할 필요가 없다는

---

3 이 주장은 현대 경제발전론에 나오는 **국물효과**(trickle-down effects)의 원조에 해당한다. 국물효과란 분배가 편중되더라도 부자들이 하인이나 소작인과 같은 빈자들을 고용함으로써 결국 가난한 사람들도 그 덕을 보게 된다는 이론이다. 이런 현상이 현실에서 일부 나타나기도 하지만, 이를 이용해 경제발전을 추진할 수 있다는 주장은 망상이다.

것이 **자연조화설**theory of natural harmony이다. 이는 자연과 인간 세상이 하느님의 섭리에 따라 저절로 질서정연하고 조화롭게 운행된다는 이신론의 당연한 귀결이다.

자연조화설은 자유주의의 철학적 기초이다. 계몽주의 초기에 절대군주제를 지지한 대표가 홉스Thomas Hobbes, 1588~1679였다. 그는 인간사회도 원래 자연의 밀림과 같이 약육강식의 무질서한 세상이므로 질서 있는 사회를 만들기 위해서는 무질서를 바로잡는 강력한 왕권이 필요하다고 보았다. 절대군주제를 지지하는 기존의 전통적인 이론이었던 왕권신수설이 왕은 신이 임명한 신의 대리인이라고 본 것과 달리, 홉스는 사회계약론에 입각해 왕은 절대권력을 갖기는 하지만 신이 임명한 것이 아니라 인민의 합의에 의해 추대되었다고 보았다는 점에서, 홉스의 생각은 왕권신수설보다 한 걸음 발전된 생각이었다.

홉스처럼 자연 상태의 인간 세상을 약육강식의 무질서한 세계로 보면 정부의 간섭을 반대하는 자유주의를 지지하기 힘들다. 스미스를 비롯한 스코틀랜드 계몽주의자들은 홉스와 반대로 자연 상태에는 신의 섭리가 작동하는 조화로운 자연적 질서가 존재한다고 보았다. 스미스가 말한

"명백하고 단순한 자연적 자유의 체계"the obvious and simple system of natural liberty가 바로 이를 표현한다(《국부론》, 848쪽). 이런 입장에 서면 절대권력으로 질서를 유지하는 왕이 필요 없다.

자연조화설의 문제점은 이 세상에 존재하는 추하고 악한 것들을 어떻게 설명할 것인가이다. 이에 대해 스미스는 추악한 것일지라도 전체를 위해 필요하다는 스토아학파[4]의 이론을 받아들였다.

고대 스토아학파에 따르면 현명하고 강대하며 선량한 신이 만물을 다스리는 섭리에 의하여 세상을 다스리듯이, 모든 개별사건도 우주의 계획의 한 부분으로서, 전체의 일반적인 질서와 행복을 증진시키기 위한 것으로 간주되어야 한다. 따라서 인간의 악행과 우행도 선행과 지혜처럼 이 계획에 필요한 것이다. (《도덕감정론》, 36쪽)

---

[4] 고대 그리스와 로마에서 큰 영향력을 행사한 철학파로서, 금욕, 마음의 평화, 세속적 욕망의 해탈, 인류애, 자연과의 일치 등을 강조하고 모든 자연에 신이 존재한다는 범신론을 믿었다. 스토아철학은 기독교와 함께 스미스에게 큰 영향을 주었다.

　소수의 희생은 전체의 행복을 위해 필요하다는 말이다. 전체란 무엇인가? 스미스는 전체를 인류와 모든 이성적 피조물이라고 보았다. 신은 이들의 행복이 증진되도록 이 세상을 만들었다는 것을 그는 여러 곳에서 강조했다.

> 다른 모든 이성적 피조물들rational creatures의 행복과 함께 인류의 행복이 자연의 창조주가 그들을 창조할 때 의도했던 원래의 목적이었던 것으로 보인다. 《도덕감정론》, 166쪽)

　여기서 이성적 피조물은 나름대로 생각과 감정이 있는 고등동물이라 생각된다. 이 구절을 보면, 인간만이 아니라 모든 피조물이 사이좋고 행복하게 살기를 바라는 것이 창조주의 뜻이라고 스미스는 생각한 것 같다. 이는 유대교와 기독교가 하느님은 인간만을 위해 이 세상을 만들었으며, 인간에게 세상의 다른 모든 동물을 마음대로 죽일 수 있는 권리를 주었다고 보는 것과 다르다. 여기서도 스토아학파의 영향이 엿보인다.

　그러나 추악한 것도 전체를 위해 필요하다는 말은 매우 위험한 말이다. 개인이 전체를 위해 희생되는 것을 용인하기 때문이다. 이는 개인의 권리를 무시하는 전체주의로 빠지기 쉬운 발상이며 개인의 권리를 절대적으로 존중하는 자유주의와 어긋나는 견해이다. 이는 스미스가 아직 철저한 자유주의에 도달하지 못하여 집단을 우선시하는 전통적 생각에서 완전히 탈피하지 못했음을 보여주는 것이 아닌가 생각된다.

이신론에 근거한 자연조화설은 스미스의 세계관이었다. 이러한 낙관적 세계관은 당시 새로운 지배계층으로 부상하던 부르주아의 생각을 대변한 것으로 보인다. 당시 부와 정치권력을 늘려가던 이들에게 세계는 아름답게 보였을 것이다. 자연조화설은 객관적 과학이 아니라 부르주아지의 주관적 신앙이다. 이런 낙관적 견해가 《국부론》의 밑에 깔려 있다.

윤리학

스미스의 윤리학을 이해하는 것은 두 가지 점에서 그의 경제학을 이해하기 위해 필수적이다. 하나는 스미스의 윤리학에서 고찰된 인간 본성에 대한 깊고 정확한 이해가 그의 경제학 분석의 기초가 되기 때문이며, 둘은 스미스가 법과 더불어 윤리를 인간의 무분별한 탐욕을 막는 사회질서의 한 축으로 보았기 때문이다.

첫째, 스미스의 경제학에서 경제현상을 설명하는 가장 기본적인 요소는 인간의 본성이다. 시장 기구의 효율성의 중요 근거를 자기사랑이라는 인간의 본성에서 찾은 것이 그 예이다. 스미스는 경제정책을 논할 때도 인간 본성과 부합하는가를 중시했다. 그의 《도덕감정론》은 인간 본성에 대한 예리하고 깊은 통찰력을 보여주는, 감탄이 절로 나오는 구절들로 가득하다.

경제를 비롯한 모든 사회현상은 개별적이거나 집단적인 인간행동으로 구성되고 인간행동은 인간 본성을 벗어날 수 없으므로 사회현상을 정확하게 이해하고 예측하려면 인간 본성에 대한 정확한 이해가 필수적이다. 인간 본성에 대한 정확하고 깊은 이해를 토대로 하고 있다는 것이 스미스 경제학의 강점이다. 그 토대를 우리는 그의 윤리학에서 찾을 수 있다. 그의 윤리학은 단지 윤리학에 그치지 않고 인간 본성에 관한 전반적이고 심층적인 분석이 많다. 자기사랑, 공감, 허영, 탐욕, 양심 등 인간 본성의 여러 가지 요인들을 깊게 분석함으로써 스미스는 윤리와 법의 근거를 찾았다.

둘째, 모든 문명사회에는 나름의 공정한 사회질서가 필수적이다. 이것이 없으면 개인의 무분별한 탐욕이 사회를 무너뜨리기 때문이다. 스미스로 대표되는 영국의 고전적 자유주의만이 아니라 근대 서양의 모든 합리적 자유주의는 무제한의 자유방임주의가 아니다. 모든 이성적 자유주의는 타인에게 부당한 피해를 주지 않는 범위 내에서만 사익을 추구하는 자유, 즉 공정한 질서 안에서의 자유를 주장한다.[5] 스미스는 개인의 사익 추구가 경제발전의 원동력이 됨을 인정했지만 현실에서 개인들, 특히 상공인들이 탐욕에 사로잡혀서 남에게 부당한 피해를 주기 쉽다는 것을 잘 알고 있었다. 이 때문에 그는 남에게 부당한 피해를 주지 않는 정의正義를 매우 강조했다. 앞으로 보게 되겠지만

---

[5] 예컨대 밀(John Stuart Mill)로 대표되는 19세기 후반 영국의 사회적 자유주의, 2차 세계 대전 이후의 서독의 질서자유주의, 현대의 신자유주의가 모두 타인에게 부당한 피해를 주지 않는 범위에서만의 자유를 주장한다. 이근식(2006), 이근식(2007) 및 이근식(2009) 참조.

그에게 법과 윤리의 핵심은 정의였다. 그의 자유주의가 현실에서 성립하기 위해서는 정의를 보장하는 사회적 장치가 필수적이었다. 스미스는《국부론》에서도 정의의 필요성을 여러 곳에서 강조했다.

스미스의 체계에서 **공정성을 담보하는 사회적 장치**는 윤리, 법, 경쟁이라 할 수 있다. 윤리는 공정성을 실천하는 자율적인 규제 장치이고, 법은 최소의 공정성을 보장하기 위한 강제적 사회 장치이며, 경쟁은 반칙을 범하는 선수를 도태시키는 경제적 제재 장치이다. 경쟁시장에서 제품의 품질이나 가격을 속이는 기업은 소비자들에게 외면받아 시장에서 도태된다. 스미스는, 윤리는 윤리학에서, 법은 법학에서, 경쟁은 경제학에서 다루었다. 그의 윤리학은《도덕감정론》에 잘 정리되어 있다.

과학으로서의 윤리학

스미스를 비롯하여 흄, 허치슨, 맨더빌 등 당시 스코틀랜드 계몽철학자들이 탐구했던 윤리학의 기본 과제는 과학으로서의 윤리학의 탐구였다. 즉, 절대군주의 강압이 없는 자유로운 시민사회에서 인간윤리의 객관적 근거를 인간 본성에서 찾을 수 있는가 하는 것이었다. 전통적인 윤리학은 주로 당위로서의 윤리학, 즉 올바른 인간행위란 무엇인가를 탐구한 데 반해, 이들은 과학으로서의 윤리학, 즉 불완전하고 나약한 보통 인간이 가질 수 있는 윤리의 근거가 무엇인가를 탐구했다.

이 연구의 과제는 옳음에 관한 것이 아니라 사실에 관한 것이라는 것도 – 내가 이렇게 말할 수 있다면 – 역시 유념하도록 하자. 우리는 현재 잘못된 행동을 징계하는 원칙에 관하여 검토하고 있는데, 이 원칙은 완전한 존재로서가 아니라 이처럼 나약하고 불완전한 피조물로서의 인간이 실제로 현실에서 인정할 수 있는 원칙이다. (《도덕감정론》, 77쪽)

감성주의

《도덕감정론》이란 제목에서 알 수 있는 것처럼 스미스는 윤리의 근거를 인간의 본성 중 이성이 아니라 감성에서 찾았다. 윤리의 근거를 감성에서 찾는 것은 당시 스코틀랜드 계몽주의의 특징이었다. 이와 대조적으로 당시 케임브리지 대학의 플라톤학파는 프랑스 철학자 데카르트 René Descartes,

1596~1650의 영향을 받아 윤리의 근거를 인간 이성에서 찾았다. 스미스는 이성도 도덕적 판단의 규칙과 근거가 될 수 있으나 도덕판단의 궁극적 근거는 감성이라고 보았다.

> 이성이 도덕성의 일반 법칙의 근거이며 도덕판단의 수단임은 의심의 여지가 없으나, 옳고 그름의 첫 번째 인지認知가 이성으로부터 도출된다고 상정하는 것은, 그 일반적 법칙이 도출되는 특정한 경우에서조차 타당하지 않다. 다른 일반적 법칙이 도출되는 과정과 동일하게 그 첫 번째 인지는 이성의 대상이 아니라 즉각적인 감각과 느낌의 대상이다. 《도덕감정론》, 320쪽)

동시에 스미스는 윤리에서 이성의 역할도 인정했다. 스미스는 윤리에서 이성은 감성을 보완한다고 보았다. 감성은 이성보다 근원적이지만 건강과 기분에 따라 크게 영향을 받는다는 약점을 갖고 있기 때문이다. 그리하여 도덕적 판단은 감성에만 의존해서는 안 되고 이성에 의해 도출된 공준公準[6]으로 보완되어야 한다(《도덕감정론》, 319쪽).

---

6 공리(公理)처럼 자명하지 않으며, 증명도 불가능하지만, 학문적 또는 실천적 원리로 널리 인정되는 명제.

공감의 원리

신이 만든 인간 본성 중에는 도덕적인지 아닌지를 직감적으로 알 수 있는 도덕감정이 존재한다. 《도덕감정론》의 첫머리는 아무리 악인일지라도 누구나 타인의 기쁨과 슬픔을 자기 일처럼 느낀다는 것을 지적했다.

아무리 이기적인 사람일지라도, 그의 본성 안에는, 다른 사람들의 행복이나 불행에 관심을 가지며, 단지 그들의 행복을 보는 것 말고는 그들이 행복을 얻는 게 없음에도 불구하고, 자신의 행복으로 느끼는 어떤 원리들이 분명히 존재한다. 우리가 다른 사람의 불행을 보거나 매우 생생하게 느끼게 될 때 갖는 연민이나 동정은 이러한 종류의 것이다. 우리가 종종 다른 사람의 슬픔에서 슬픔을 느끼는 것은 너무나 명백한 사실이기 때문에 구태여 증명을 위해 예를 들 필요가 없다. 인간 본성의 다른 본래적 감정과 같이 이 감정은 덕이 많거나 인정이 많은 사람들만 – 아마도 이들이 이 감정을 더 강렬하게 느끼겠지만 – 갖는 게 아니다. 사회의 제일가는 악당 또는 최악의 범법자라고 해서 이 감정을 안 가진 게 아니다. (《도덕감정론》, 9쪽)

사람들이 타인의 일을 자기 일처럼 느낄 수 있는 것은 **상상을 통해** 자신을 타인의 처지에 갖다놓을 수 있기 때문이다.

이것이 타인의 고통에 대한 우리의 동료애의 원천이라는 것, 상상을 통하여 처지를 바꾸어 생각함으로써 이루어진다는 것, 그들이 느끼는 것을 같이 느끼거나 감정이입이 된다는 것 등은 수많은 분명한 예에서 관찰될 수 있다. (《도덕감정론》, 10쪽)

공감은 '입장을 바꾸어 생각한다'는, 동양의 역지사지易地思之와 같은 말이다. 스미스는 흄을 따라서 이를 **공감**sympathy이라 부르고 도덕감정의 원천이라 보았다(《도덕감정론》, 10쪽). 사람들이 서로 이해하고 교감할 수 있는 것은 공감을 통해서다. 당사자는 공감을 통해 구경꾼의 입장에서 자신을 봄으로써 감정을 자제할 수 있으며, 반면에 제3자인 구경꾼은 공감을 통해 당사자의 입장에 섬으로써 당사자의 처지와 느낌을 이해할 수 있다. 이처럼 사람들은 당사자와 구경꾼으로 서로 다른 입장에 서 있더라도 공감을 통해 서로 이해와 교감을 나눌 수 있다. 이와 같이 공감은 사람들이 사회를 이루어 함께 살아가기 위해 필요한 사회적 유대의 토대이다.

공평한 구경꾼 : 양심

스미스는 타인의 처지를 판단하는 기준인 공감을 자신의 감정과 언행을 판단할 때에도 적용했다. 자신의 감정과 언행도 상상을 통해 타인(구경꾼)의 입장에 서야 제대로 판단할 수 있다. 자신을 객관화하여 자신을 공정하게 판단하는 자신 속의 타인을 스미스는 **공평한 구경꾼** impartial spectator이라고 불렀다.

> 우리는 자신의 행동을 판단할 때에도 다른 사람의 입장에 자신을 놓고 타인의 눈으로 우리의 처지를 보고 우리의 감정과 행동에 공감할 수 있는가를 기준으로 삼는다.(《도덕감정론》, 109~110쪽)

스미스는 **양심** conscience이 자신 속의 공평한 구경꾼이라고 했다. 스미스는 인간이 자기중심적임을 인정했으나 누구나 갖고 있는 양심 덕분에 지나친 자기사랑으로 인하여 범하게 되는 잘못을 방지할 수 있다고 보았다(《도덕감정론》,137쪽).

공감의 원리가 스미스 윤리학의 출발이고, 공평한 구경꾼(양심)은 그 완결이다. 윤리란 강제가 아니라 자발적인 자기 규율이기 때문이다. 스미스의 공평한 구경꾼은 자신을 객관화한 입장, 곧 자신의 입장을 벗어나서 공평한 제3자의 입장에서 사물을 판단함을 의미한다. 이와 같이 공평한 구경꾼의 핵심은 불편부당성impartiality 혹은 공정성fairness이다.[7] 공정성을 중시하는 스미스의 윤리학 특징은 뒤에 정의를 논할 때에도 발견된다.

자기사랑

스미스를 비롯한 스코틀랜드 계몽주의자들은, 인간은 공감과 양심이라는 도덕감정을 갖고 있지만, 기본적으로 자기중심적임을 인정하고 이를 긍정했다.

의심할 나위 없이 모든 인간은 원래, 첫째로 그리고 대체로 자

---

7 공정성은 고금을 통해 정의의 핵심으로 많이 거론되어 왔다. 예컨대, 현대 윤리학의 대표인 롤스도 자신의 정의론을 공정성으로서의 정의(justice as fairness)라고 불렀다. (John Rawls)

신을 돌보도록 되어 있다. 사람은 어떤 다른 사람보다 자신을 먼저 돌보는 것에 적합하도록 되어 있으며 또한 그렇게 하는 것이 타당하고 올바르다. (《도덕감정론》, 82쪽)

이처럼 인간 본성 안에 자기사랑과 양심이라는 상반되는 두 가지 감정이 같이 존재하여, 인간의 본성이 양면적임을 인정하는 것이 스미스를 포함한 스코틀랜드 계몽주의자들의 인간관의 특징이다. 비단 이것만이 아니라 스미스는 현실 속에는 항상 서로 상반되는 여러 요소가 동시에 존재함을 인정했다. 이는 통일과 일관성을 중시하는 대륙의 관념론과 달리 복잡하고 다면적인 현실을 있는 그대로 인정하면서 합리적인 해결책을 모색하는 영국 경험주의의 특징이기도 하다.

이기심 selfishness과 **자기사랑** self-love은 혼동하기 쉬운 말이다. 《도덕감정론》에도 이 둘을 분명히 구분하는 구절은 없다. 그러나 스미스는 이 둘을 구분한 듯하다. 그는 '자기사랑'은 위 인용문에서 보는 바와 같이 자기를 돌보는 마음으로, '이기심'은 다른 사람의 피해를 고려하지 않는 탐욕과 같은 부정적 의미로 사용했다. 스미스는 비난할 때는 이기심 혹은 탐욕 avarice이라는 말을, 반면에 긍정적이고 유익한 의미로 사용할 때는 모두 자기사랑이나 자기이익 self-interest이란 말을 사용했다.

스미스는 이기심은 비난했으나 남에게 피해를 주지 않는 범위에서 자신의 이익을 추구하는 것은 인간의 당연한 본성이라고 보았다. **개체보존과 종족번식이 자연의 위대한 두 목적**이기 때문이다(《도덕감정론》, 87쪽).

자기사랑을 비난하지 않고 긍정적으로 평가하는 것이 스미스를 비롯한 18세기 스코틀랜드 계몽주의의 특징이다. 이는 이기심을 죄악시하던 종전의 기독교 윤리와 반대되는 부르주아지의 새로운 윤리이다. 자기중심 내지 자기사랑을 인정한다는 것이 근대 자본주의 윤리의 가장 큰 특징일 것이다. 자본주의 이전의 전통적 윤리는 동서양을 막론하고 자기 욕심을 억제하는 것을 칭송하고 자기를 우선시하는 것을 죄악시했다. 이는 사람들의 생활방식이 과거 공동체 중심에서 근대 자본주의 사회의 개인 중심으로 바뀐 것을 반영한 것이다.

과거에는 마을이나 대가족을 단위로 공동체를 형성하여 공동으로 목축하거나 농사를 지으면서 살아갔기 때문에 공동체를 위협하는 개인 중심의 언행은 억제되어야 했다. 반면에 근대 자본주의 시장경제에서 부르주아들은 각자 자기 혼자의 책임으로 상공업을 운영하면서 살아간다. 이익이 나면 자기 혼자 갖고 손해가 나면 자기 홀로 책임진다. 이런 자기중심적 개인 생활을 하면서 자기중심적 윤리를 당연시하는 것은 당연하다. 자기중심적 행동을 부정하던 과거의 윤리가 자기중심적 행동을 당연시하는 윤리로 바뀐 것은, 경제가 변함에 따라 정치, 윤리, 문화 등 사회의 모든 부문이 바뀐다는 것을 보여 주는 한 예이다.

타인에 대한 존경과 경멸

현대 심리학은 남들로부터 자기가 가치 있는 존재라는 것을 인정받고 싶어 하는 **인정욕구**를 인간의 생존을 위해 필요한 심리적 욕구로 보고 중시한다. 스미스는 이를 이미 200여 년 전에 지적했다. 타인의 존경과 인정을 받는 것을 가장 좋아하고, 타인의 경멸과 무시를 받는 것을 가장 싫어하는 것이 인간의 본성이라고 스미스는 보았다.

우리가 관심을 가지는 것은 안락함이나 즐거움이 아니라 허영

vanity이다. 그러나 허영은 항상 우리 자신이 관심과 인정의 대상이 되고 있다는 믿음에 기초하고 있다. 《도덕감정론》, 50쪽)

세상 사람들의 경멸에 비하면 다른 어떤 외부의 악도 견딜 만하다. 《도덕감정론》, 61쪽)

그런데 사람들이 타인을 평가할 때의 기준은 어리석게도 지혜와 덕이 아니라 부와 권세이다.

우리는 종종 세상의 관심이 지혜나 덕이 있는 사람이 아니라 부와 권세가 있는 사람으로 향함을 본다. 《도덕감정론》, 62쪽)

때문에 사람들은 타인의 인정과 관심을 받기 위해 지혜나 덕이 아니라 부와 권세를 추구한다.

부자는 그의 부가 당연히 세상으로 하여금 그에게 관심을 갖도록 하며, 그의 유리한 지위가 이미 그에게 부여한 모든 기분 좋은 감정으로 세상 사람들이 그를 대한다는 것을 느낀다. (…) 반면에 가난한 사람은 그의 빈곤을 부끄럽게 느낀다. 《도덕감정론》, 50~51쪽)

부와 권세를 허망한 것으로 보는 것은 고대 스토아학파의 영향을 받은 스미스의 탈속한 면모를 보여주어 흥미롭다. 고대 그리스 로마의 스토아학파는 세상의 부귀영화를 헛된 것으로 보고 마음의 평정과 금욕적 생활을 추구했다. 그는 부와 권세를 좇는 인간의 어리석은 허영심이 인간의 도덕심을 훼손하는 가장 큰 요소임을 인정했다.

> 부자와 권력자는 찬양하고 거의 숭배하면서, 가난하고 비천한 처지의 사람들은 경멸하거나 최소한 무시하는 습성은, 신분 차별과 사회 질서를 확립하고 유지하기 위해 필요한 것이긴 하지만, 동시에 우리의 도덕감정을 부패시키는 가장 크고 가장 보편적인 원인이기도 하다. (《도덕감정론》, 61쪽)

그러나 동시에 이런 인간의 허영심이 – 보이지 않는 손처럼 – 결과적으로 경제와 사회의 발전이라는, 본인이 의도하지 않았던 결과를 초래해왔다고 본 것이 스미스 윤리학의 묘미이다. 이는 앞서 그의 신학에서 고찰한 이신론 및 이와 연관된 자연의 속임수를 보여주는 한 예이기도 하다. 이처럼 이기심이 경제발전의 동력이라는 생각은《도덕감정론》에도 나와 있다.

> 그리고 자연이 우리를 이런 방법으로 기만하는 것은 좋은 일
> 이다. 인류의 근면성을 촉발하고 계속해서 일하도록 한 것은
> 이러한 기만이다. 인류로 하여금 처음 땅을 경작하고 집을 짓
> 고 도시와 공동체를 만들고 인류 생활을 윤택하고 고상하게
> 만드는 모든 과학과 예술을 발명하고 개선하도록 한 것이 이
> 것이다. 《도덕감정론》, 183쪽)

앞서 본 스미스의 생각을 다음과 같이 정리할 수 있을
것이다. 이기심은 나쁜 것이지만 자기사랑은 좋은 것이다.
자기사랑 덕분에 사람들은 재산을 모을 수 있고 재산 덕분
에 사람들은 다른 사람의 부러움을 받는다는 인생의 가장
큰 기쁨을 누릴 수 있다. 그런데 고대 그리스 철학자 아리
스토텔레스도 비슷한 말을 한 것이 흥미롭다.

> 이기심은 비난받아 마땅하지만, 자기사랑은 자연이 심어준 감
> 정이며, 괜히 주어진 것이 아니다. 이기심은 단순한 자기사랑
> 이 아니라, 수전노의 돈에 대한 사랑처럼, 지나친 자기사랑이

다. 모든 사람이 혹은 거의 모든 사람이 어느 정도 돈과 재산을 사랑한다. 친구나 손님이나 동료에게 친절이나 봉사를 제공하는 것이야 말로 인생의 가장 큰 기쁨인데, 이는 자기 재산이 있을 때만 가능하다. (Aristotle, 2005쪽)

이기심은 나쁜 것이지만 자기사랑은 좋은 것이며, 자기사랑 덕분에 사람들은 재산을 모을 수 있고, 재산 덕분에 사람은 인생의 가장 큰 기쁨을 누릴 수 있다고 본 것은 두 사람이 완전히 똑같다. 차이는 인생의 가장 큰 기쁨을 스미스는 다른 사람의 부러움을 받는 것이라고 본 데 비해 아리스토텔레스는 이웃과 손님을 대접하는 것이라고 본 것이다. 스미스는 당시 부르주아의 속된 욕망을, 아리스토텔레스는 모든 노동은 노예에게 맡기고 우아하게 서로 대접하며 살았던 고대 그리스 귀족의 생각을 나타낸 것으로 보인다. 그 옛날에 아리스토텔레스가 자기사랑과 사유재산을 긍정한 것이 흥미롭다. 고대 그리스와 로마의 고전에 밝았던 스미스는 아리스토텔레스의 이 구절을 잘 알았을 것이다.

정의와 법

양심이 도덕감정의 근거이긴 하지만 자신의 이해관계가 걸린 경우에는 바람 앞의 촛불처럼 약한 존재임을 스미스는 인정했다.

> 우리 내부의 재판관(양심-필자)은 우리의 이기적인 감정과 폭력과 불의에 의해 부패될 위험에 자주 처하며, 정당성을 인정받을 수 없는, 진정한 상황과 매우 다른 보고서(엉터리 보고서-필자)를 작성하도록 종종 유혹당한다. 《도덕감정론》, 141쪽 각주)

이 때문에 사람들은 종종 타인에게 부당한 피해를 입히기 쉬우므로, 이를 막는 것이 정의正義다. 스미스는 사람들의 미덕virtues을 **자선** beneficence과 **정의** justice 둘로 나누었다. 자선은 어려운 타인을 돕는 행위이며 칭송의 대상이지만, 사람들이 이를 실행할 의무는 없기 때문에 행하지 않더라도 처벌을 받는 일은 없다. 반면에 정의는 모두가 반드시 지켜야 하는 것이므로 지켰다고 칭송받지는 않으나, 이를 위반할 시에는 타인의 분노와 사회의 처벌을 받게 된다. 살인, 상해, 절도, 강도, 사기, 계약 불이행, 모욕과 같이 타인의 신체나 재산, 명예를 부당하게 훼손하는 것이 **불의** injustice이며, 불의를 사전에 예방하거나 사후에 적절하게 처벌하고 시정하는 것이 **정의**라고 스미스는 보았다. 즉, **타인에게 부당한 피해를 입히지 않는 것이 정의이다.** 《도덕감정론》, 78~80쪽)

앞서 본 바와 같이 공평한 구경꾼도 불편부당한 공정성을 지녀야 하는 것처럼 스미스가 본 정의의 핵심도 공정함에 있다고 볼 수 있다. 공정한 입장에서 보면 타인에게 부당한 피해를 입히는 반칙은 잘못이기 때문이다. 스미스에게 공정성은 도덕판단의 기본이다.

재산과 명예와 애정을 향한 경주에서 사람들은 있는 힘을 다하여 달리며 경쟁자들을 앞지르기 위해 그의 신경과 근육을 최대로 팽창시킨다. 그러나 만일 그가 경쟁자들의 다리를 걸어 넘어뜨린다면 구경꾼들은 그를 용서하지 않을 것이다. 그것은 공정한 경기의 위반이며, 구경꾼들은 그를 용납할 수 없다. (《도덕감정론》, 83쪽)

이처럼 정의란 다른 사람에게 부당한 피해를 주지 않기

위해 우리가 지켜야 할 최소한의 덕이며《도덕감정론》, 82쪽),
개인의 자유의사에 맡기지 않고 모든 사람이 준수하도록
강제하며, 이를 지키지 않으면 처벌이 부과되는 최소한의
덕이며《도덕감정론》, 79, 269쪽), 사회 유지를 위해 필요한 최
소한의 규범이며, 사회를 지탱하는 중심 기둥이다《도덕감
정론》, 86쪽).

이처럼 스미스는 정의의 핵심을 사유재산 보호와 반칙
금지에 있다고 본 것 같다. 재산을 목숨처럼 중히 여기는 것
이 영국 자유주의의 특징이었다. 영국의 정치적 자유주의를
집대성했던 로크는 "적이 나의 생명은 뺏을 수 있더라도 나
의 재산을 뺏을 권리는 없다"라고 말했다(Locke, 165쪽).

보통 우리가 정의라고 말할 때 평등과 인권의 실현, 강
자의 압박과 횡포의 추방과 같이 왠지 모를 숙연하고 거창
한 느낌을 갖는 것에 비하면, 정의를 이처럼 사유재산 보
호와 반칙 금지 정도로 파악한 것은 다소 허전한 느낌을
준다. 여기서도 자유주의가 사유재산을 무엇보다도 중시
했던 근대 영국 부르주아지의 사상이었음을 알 수 있다.

사회 유지를 위해서 정의의 집행은 필수적이다. 정의의
집행을 개인에게 맡기면 유혈과 무질서가 발생할 수 있으

므로, 공동체의 위임을 받아 정의를 집행하는 공적인 장치
가 필요한데, 그것이 **법과 정부**이다(《도덕감정론》, 340쪽). 법
과 정의는 서양에서 혼용되어왔고 스미스도 그러했다.

　이처럼 스미스는 윤리학의 결론 부분에서 사람들의 양
심은 이해관계 앞에서 무력하므로 사회의 공정한 질서를
유지하기 위하여 모두가 지켜야 할 최소한의 강제규칙인
법이 필요하다고 결론지었다. 그리하여 그의 윤리학은 법
학으로 넘어간다.

법학

　스미스 도덕철학의 마지막 세 번째 강의는 광의의 '법
학jurisprudence'이다. 이 용어는 현대에 '법철학'이라는 의미
로 주로 쓰인다. 이 과목에서 스미스는 협의의 법학과 경
제학을 가르쳤다. 스미스는 생전에 법학 책을 출판한 적이
없으나, 그의 글래스고 대학 강의를 들은 학생의 수업 노
트 두 가지가 1895년과 1958년에 각각 발견되어《법학강
의록》으로 출판되었다. 두 강의록은 분량은 다르나 내용은

거의 같다. 《법학강의록》의 후반부인 경제학 부분에는 분업이론, 자연가격이론, 노동가치설 등 《국부론》의 핵심 내용들이 담겨 있다. 그의 경제이론은 뒤의 《국부론》 부분에서 자세히 고찰하므로 여기서는 생략하고 앞부분인 협의의 법학과 관련된 내용을 살펴본다.

정부의 주목적은 세상에 정의를 확립함으로써 사람들이 다른 사람으로부터 부당한 피해를 받지 않도록 하여, 각 개인들의 권리를 완전히 보호하는 것이라고 스미스는 보았다. 법은 이를 위해 필수적이다. 그의 법학강의는 공법, 가정법, 사법으로 구성되어 있다. 공법에서는 국가의 기원과 역할, 자유, 의회, 사법, 시민권 등 국가 및 국가와 개인 간의 문제들을 다루고, 가정법에서는 부부, 부모와 자식, 주인과 하인, 경호원과 피보호자 등 가정 내 인간관계에 관련된 법적 문제를 분석했으며, 사법에서는 점유, 상속, 채권과 채무, 계약, 담보 등의 민사문제, 그리고 범죄와 처벌 등의 형사문제를 논했다.

역사발전단계설

《법학강의록》은 법의 변천을 고대부터 당시까지 역사적

으로 고찰한 것이다. 이 고찰을 통해 스미스는 경제발전이 모든 사회문물의 변천을 선도해왔음을 지적했다. 즉, 경제는 역사적으로 계속 발전해왔고 이런 경제의 발전에 맞추어 법, 정치, 윤리, 문화, 예술 등 여타 사회 부문들이 변천해왔다는 것이 《법학강의록》의 중심주제이다. 이런 관점은 《국부론》에도 나타나지만 《법학강의록》에서 더욱 분명하게 나타난다. 《법학강의록》은 가족제도, 재산권제도, 정치제도, 사법제도, 의식과 문화 등 온갖 사회 문물의 역사적 변천 과정을 이와 같은 관점에서 설명했다. 《법학강의록》에 나타난 **역사발전단계설**의 기본 관점은 다음과 같이 셋으로 요약할 수 있다.

첫째, 경제, 정치, 법, 문화 등 사회의 모든 부문은 서로 영향을 주고받으면서 변화한다.

둘째, 생존 문제인 의식주 해결이 인간사회의 가장 중요한 문제이다. 따라서 경제 변화가 모든 사회 변화의 기본 요인이다. 경제의 변화는 여타 사회 부문의 변화를 야기하며, 정치, 법, 윤리 등 여타 사회 부문은 경제 여건의 변화에 맞추어 변화한다.

셋째, 인간사회는 수렵, 목축, 농업, 상업의 네 단계로 발

전해왔다. (《법학강의록》, 459쪽)

첫째와 둘째는 100년 후에 등장한 마르크스와 엥겔스 Friedrich Engels의 유물사관唯物史觀의 선구이며, 셋째 관점은 마르크스와 19세기 후반 독일역사학파의 경제발전단계설[8]의 선구이다. 이 셋은 또한 스코틀랜드 역사학파의 주요 주장이기도 하다. 이 학파의 창시자들이 글래스고 대학에서 스미스의 강의를 들었다고 한다. 스미스의 《법학강의록》이 19세기 말에 발견되었기 때문에 마르크스나 독일역사학파는 스미스의 역사발전단계설을 알지 못했다. 만일 알았다면 자신들과 똑같은 이론을 스미스가 자기들보다 근 100년 앞서 강의했다는 것에 몹시 놀랐을 것이다.

이처럼 스미스는 사회(역사)가 진보한다고 보았다. 요즘은 사회 혹은 역사가 진보한다라고 생각하는 사람들이 많지만, 사회 진보라는 생각은 근대 서양의 산물이다. 과거에는 동서양을 막론하고 모두 역사는 좋은 세월과 나쁜 세월이 교대로 순환하거나 아니면 이상적인 사회는 미래가

---

[8] 독일역사학파의 대표 격인 리스트(Friedrich List, 1789~1846)는, 미개단계 → 목축단계 → 농업단계 → 농·공단계 → 농·공·상단계의 순서로 경제가 발전한다고 보았다. 이는 스미스의 단계설과 거의 유사하다.

아니라 먼 과거에 있었으며 사회는 이로부터 점점 멀어져 가고 있다고 생각했다. 이상사회가 서양에서는 고대 그리스와 로마의 사회였으며, 중국에서는 요임금과 순임금이 다스렸다는 아득한 옛날이었다. 살기 고된 현실이 수천 년 동안 별로 변함없이 지속되던 과거에 사회가 발전한다는 생각이 떠오르기 힘들었을 것이다. 근대에 자본주의가 등장하여 상공업이 발전하고 이를 바탕으로 정치문화가 진보하는 것을 보면서 비로소 사회가 진보한다는 생각이 서양에서 등장하기 시작했다. 사회가 진보한다는 생각은 로크와 몽테스키외Charles de Montesquieu 등 영국과 프랑스의 계몽주의자들에 의해 17세기 말 내지 18세기 초에 등장했다. 그러나 서양에서 사회진보에 대한 믿음은 1차 세계 대전이란 참혹한 재앙을 겪은 후부터 크게 약화되었다.

국가와 법의 기원 및 기능

국가와 법의 기원에 대해서도 스미스는 마르크스와 동일한 주장을 마르크스보다 100년 먼저 했다. 사유재산의 등장이 계급과 국가와 법이 등장하게 된 원인이며, 다수의 무산계급인 피지배계급으로부터 소수의 유산계급인 지배계급을 보호하기 위하여 국가와 법이 만들어졌다는 것이다.

스미스에 의하면 최초 사회인 수렵사회에서는 모두가 함께 수렵하여 함께 나누어 먹고 살았다. 이 단계에서는 생산성이 워낙 낮아 매일 사냥하여 먹고살기에 바빴기 때문에 저축이 없었고, 따라서 사유재산도, 계급도, 국가도 없었다. 그러나 그다음 단계인 목축사회로 발전하게 되자 가축이라는 사유재산이 나타나면서 가축을 가진 소수의 부자와 가축이 없는 다수의 가난한 사람들로 계급분화가 나타났고, 소수의 부자들이 다수의 가난한 자들로부터 자신의 생명과 재산을 보호하기 위해 국가와 법을 만들었다는 것이다.

그리하여 사냥꾼들 사이에는 정부가 없었다. 그들은 자연의 법에 따라 살았다. 가축들의 사유화로 인한 재산의 불균등분배의 발생이 정규의 정부를 탄생시켰다. 사유재산이 없을 때는 정부가 없었고 정부의 진정한 목적은 재산의 안전을 보장하고 빈자들로부터 부자들을 보호하는 것이다. (《법학강의록》, 404쪽)

소수는 큰 부를 소유하고 다수는 아무것도 갖지 않은 사회에서는, 정부의 무력이 항상 발휘되어야 하며, 항구적인 법과 규칙으로 부자들의 재산을 다수 빈민들로부터 보호하기 위해 재산침해를 금지하고, 그 처벌을 엄정히 집행해야 한다. 아니면 빈민들은 끊임없이 이를 침범하려고 할 것이다. 이 경우와 진실로 모든 경우에서 **법과 정부는, 부자가 빈민을 억압하고 재화의 불균등한 분배를 유지하기 위한 수단으로 간주될 수 있다.**

(《법학강의록》, 208쪽. 강조 필자)

앞서 말했듯이, 국가와 법에 대한 스미스의 이런 견해는 마르크스와 엥겔스보다 100년 가까이 앞선 것이다. 그러나 마르크스가 무신론자였던 데 반해 스미스는 신의 존재와 섭리를 믿은 유신론자였으며, 마르크스가 자본주의를 악의 체제로 보고 무너뜨려야 한다고 본 데 반해 스미스는 자본주의가 경제를 발전시키고 인민을 빈곤에서 해방시킬 것이라고 긍정적으로 보았다는 점에서 마르크스와 정반대의 입장에 서 있다.

그러나 스미스는 소수 부자들을 보호하고 다수 인민을 억압하기 위해 등장한 법과 국가가 경제와 문화의 발전이라는 의도하지 않았던 좋은 결과를 초래했음을 지적했다. 이 역시 앞서 본(56쪽) 자연의 속임수에 해당할 것이다.

> 그것들(법과 정부 – 필자)은 개인들의 증식된 재산의 안전을 보장함으로써 그들로 하여금 재산의 과실을 평화롭게 즐길 수 있도록 한다. 법과 정부에 의하여 모든 예술이 꽃을 피우며 재산의 불평등이 충분히 유지된다. (《법학강의록》, 489쪽)

법과 정부가 사회의 유지와 발전에 필요하다고 스미스가 보았다는 것은 이미 앞서 윤리학에서도 고찰했다(81쪽). 이처럼 스미스는 법과 정부의 양면성을 인정했다. 스미스의 특징이자 장점은 사물을 한 면에서만 파악하는 교조주의에 빠지지 않고 사물의 상반되는 여러 측면을 모두 인정한다는 것이다. 국가와 법에 대한 이중적 평가에서도 이런 특징이 잘 드러난다.

스미스는 경제와 비경제 부문 간의 관계에도 양면적 인과관계가 존재한다고 보았다. 앞서 본 바와 같이 스미스는 경제의 변화가 모든 사회 변화의 근본 요인임을 지적했다. 그러나 동시에 그는 경제만이 아니고 비경제적 부문의 변화도 사회와 문화에 영향을 미치며, 비경제 부문이 거꾸로 경제에 영향을 미치기도 함을 인정했다.

비경제 요인이 사회와 문화를 변화시킨 예로 그는 남녀의 애정 문제를 들었다. 이혼이 자유롭던 고대 그리스와 로마 시대에는 남녀관계가 일상생활이나 문학에서 심각한 주제가 아니었다. 그러다가 가톨릭 윤리가 확립되어 이혼과 재혼이 불가능해지면서 남녀 애정 문제가 인생에서 매우 중요해지고 문학에서도 인기 있는 주제가 되었다는 것이다(《법학강의록》, 149~150쪽).

비경제 요인이 경제를 결정한 예로 그는 영국의 경제발전을 들었다. 영국은 섬나라라는 특성 때문에 대륙 국가들과 달리 대규모 육군을 상비군으로 보유할 필요가 없었으며, 이 때문에 왕의 힘이 강하지 않았다. 그 덕에 의회와 법원이 일찍부터 왕으로부터 독립할 수 있었고, 개인의 자유와 사유재산권이 대륙 국가들보다 먼저 확립될 수 있었으며, 결과적으로 영국 경제가 일찍 발전할 수 있었다는 것이다(《법학강의록》, 266, 420~423쪽). 그는 또한 상업사회 초기에 사람들이 상업을 천시한 것이 상업의 발전을 방해했음도 지적했다(《법학강의록》, 527쪽).

실정법과 자연법

스미스는 허치슨과 푸펜도르프[9]에 따라서 개인의 권리를 완전한 권리와 불완전한 권리로 나누었다. **완전한 권리**란 남에게 강요할 수 있는 권리이며, **불완전한 권리**란 자선처럼 남에게 강요할 수 없는 권리를 말한다. 개인의 완전한 권리를 보장하는 것이 **교환적 정의**이고 불완전한 권리를 실천하는 것이 **분배적 정의**이다. 바꾸어 말해 교환적 정의는 타인에게 부당한 피해를 받지 않는 것이고, 분배적 정의는 자신의 것을 올바르게 사용하는 것이다《법학강의록》, 269~270쪽). 즉, 법의 대상은 교환적 정의이고, 도덕의 대상은 분배적 정의이다《법학강의록》, 9쪽). 정의란 보통 교환적 정의를 말하며, 앞서 본(78~79쪽) 정의도 교환적 정의이다.

이처럼 법은 정의이고, 윤리학에서 고찰한 것처럼 사회의 유지를 위해 모든 사람에게 준수가 강제되는 최소한의 규칙이다. 그리고 법과 윤리는 개인의 이해관계에서 벗어

---

9 푸펜도르프(Samuel von Pufendorf, 1632~1694)는 독일의 근대 계몽주의 철학자로서, 사회는 개인들의 자발적 합의에 의해 성립된다는 사회계약설과 사유재산권의 정당성을 주장했다. 허치슨은 스미스의 글래스고 대학 시절 은사이다.

나 공정한 입장에서, 즉 불편부당한 구경꾼의 입장에서 볼 때 올바른 것이어야 한다. 스미스가 지지한 법은 이와 같은 공평한 구경꾼이 인정할 수 있는 정의의 법, 곧 보편타당성을 갖는 법이다.

이러한 법은 인간이 만든 실정법이 아니라 하느님이 만든 자연법이다. **자연법**law of nature 혹은 natural law이란 자연의 섭리와 부합하는 법이다. 자연법은 원래 자연과 신을 동일시했던 스토아학파의 주장이었다. 현실의 실정법 중에는 자연법과 부합하는 것도 있고 그렇지 않은 악법도 있다. 푸펜도르프, 로크나 흄과 같은 계몽주의 자연법학자들처럼 스미스도 실정법 중 권력자가 자신에게 유리하게 만든 악법은 반대하고, 자연법에 부합하는 공평한 법만 인정했다. 그는 악법은 준수할 필요가 없다고 보았으며, 나쁜 통치자에 대한 저항권을 지지했으며, 독재자를 암살하거나 추방하는 것이 옳다고 했다(《법학강의록》, 428, 434쪽).

《법학강의록》은 각국 법의 변천을 사회발전의 네 단계인 수렵, 목축, 농업 및 상업 사회로의 변천과 연관시켜서 역사적으로 고찰했다. 이러한 고찰은 실정법의 발전 과정을 분석하는 데 그치지 않고, 현실의 실정법이 역사 발전을 통해 점차 자연법으로 수렴해왔음을 보이고자 한 데 있었던 것 같다.

법과 경제

법의 목적은 범죄의 예방이다. 범죄를 예방하는 최선의 길은 무엇일까? 이에 대한 해답을 스미스는 《법학강의록》의 마지막 부분에서 밝혔다. 상업과 제조업을 발전시켜서 모든 사람이 생업을 갖도록 하는 것이 범죄 예방을 위한 최선의 길이라는 것이다. 이를 그는 다음과 같이 파리와 런던을 비교하여 설명했다.

파리에는 여러 권의 책으로도 부족할 만큼 법규가 많다. 반면에 런던에는 단지 두세 개의 간단한 법규가 있을 뿐이다. 그러나 파리에는 살인사건 없이 지나가는 밤이 일 년에 거의 하루도 없는 반면에, 더 큰 도시인 런던에서는 살인이 발생하는 밤이 일 년에 서넛에 불과하다. (…) 프랑스와 마찬가지로 영국에서도 엘리자베스 여왕의 말년과 같은 중세에는 소작인들을 다스리기 위하여 수많은 종복들이 할 일 없이 귀족들의 집 부근에 머물렀다. 이 종복들은 강도와 약탈밖에는 생계를 꾸려갈

방법이 없었고, 이것이 제일 큰 무질서를 초래했다. 프랑스에
는 아직도 중세의 관습이 남아 있고, 이것이 차이의 원인이다.
파리의 귀족들은 런던의 귀족들보다 훨씬 더 많은 하인을 두
고 있다. 이들은 그들 자신의 사정이나 그들 주인의 변덕으로
인하여 몹시 곤궁한 상태에 빠지면 가장 끔찍한 범죄를 강요
받게 된다. (…) 의존보다 사람을 더 부패시키는 것은 없으며,
반면에 독립은 사람의 정직성을 증대시킨다. 사람에게 독립을
부여하는 상업과 제조업의 정착이야말로 범죄 예방을 위한 최
선의 경찰이다. (《법학강의록》, 486~487쪽)

**상공업을 발전시켜서 모든 사람이 생업을 갖도록 하는 것이
범죄를 예방하는 최선의 길이다.** 이리하여 스미스의 법학은
도덕철학의 종착지인 경제학으로 넘어간다.

4장

《국부론》과 경제발전의 길

스미스는 버클루 공작 형제를 데리고 프랑스와 스위스를 여행하던 시절(1764~1766)부터 쓰기 시작했던 《국부론》을 귀국한 뒤 10년 동안 가다듬어 1776년에 출판했다. 이는 그가 글래스고 대학에서 가르친 도덕철학의 마지막 부분인 법학의 후반부인 정치경제학을 발전시킨 것이다. 그는 이를 계속 수정하여 마지막 5판을 죽기 전 해인 1789년(66세)에 출판했다. 19세기까지 경제학은 **정치경제학** political economy이라고 불렀다.

법학의 결론 부분에서 보았듯이 상공업의 발전이 법질서 확립(범죄 예방)을 위한 기본 토대이다. 상공업의 발전은 경제발전이며 이는 국부의 축적 과정이다. 따라서 국부(풍요)의 본질과 원인, 즉 경제발전의 본질과 원인을 탐구하는 것이 그의 도덕철학의 마지막 과제이다. 이는 《국부론》의 원 제목이 《국가의 부의 본질과 원인에 관한 탐구》인데서 알 수 있다.

노동가치설

스미스는 상품의 가치를 사용가치와 교환가치로 나누었다. **사용가치**란 상품의 효용을 말하며, **교환가치**란 다른 상품을 구매할 수 있는 힘을 말한다. 분업사회에서 말하는 가치는 대개 교환가치이다. 그는 사용가치와 교환가치가 서로 관계가 없을 수 있음을 지적했다. 예를 들어 사용가치가 매우 큰 물의 교환가치는 거의 없는 반면에, 사용가치가 거의 없는 다이아몬드의 교환가치는 매우 크다(《국부론》, 35쪽).

스미스는 노동이 교환가치의 원천이며 진정한 척도라는 **노동가치설**을 주장했다. 어떤 상품을 획득해서 얻는 것은, 그것을 만든 사람이 그것을 만들기 위해서 사용한 노동(수고와 번거로움)이다. 즉, 우리는 다른 사람이 만든 상품을 구매함으로써 그것을 만든 사람의 노동을 얻는다.

어떤 상품의 가치는 (…) 그 상품이 그로 하여금 구매하거나 지배할 수 있게 해주는 노동의 양과 같다. 따라서 노동은 모든 상

품의 교환가치의 진실한 척도이다. (《국부론》, 37쪽)

이제부터 가치는 교환가치를 말한다. 진정한 가치척도
는 그 자체의 가치가 변하지 않아야 한다. 상품의 가치 척
도로 흔히 쓰이는 금과 은(당시 화폐)의 가치는 수요와 공급
에 따라서 수시로 변하므로 가치의 척도가 될 수 없지만,
노동의 가치는 불변이다. 그러므로 노동만이 상품가치의
진정한 척도이다.

그러므로 자기 자신의 가치가 결코 변동하지 않는 노동만이,
모든 상품의 가치를 때와 장소를 가리지 않고 측정하거나 비
교할 수 있는 궁극의 진실한 척도이다. 노동이 모든 상품의 진
정한 가격이고 화폐는 명목가격일 뿐이다. (《국부론》, 41~42쪽)

이런 노동가치설은 두 가지 문제점을 갖고 있다. 하나는
노동마다 종류, 고됨, 난이도, 작업 환경 등이 모두 다른데,
이런 다양한 노동들을 어떻게 하나의 공통 척도로 측정할
수 있는가의 문제이다. 다양한 물건의 무게를 킬로그램이
란 공통의 척도로 잴 수 있듯이 다양한 상품의 생산에 투

입된 다양한 노동의 크기를 어떤 하나의 공통 척도로 잴
수 있을까?

스미스도 이것이 현실적으로 매우 어려운 문제임을 인
정하고, 보통의 건강, 체력, 정신상태, 기교와 숙련을 가진
표준적인 보통의 노동자가 보통의 안일과 자유, 행복을 희
생하면서 노동할 때의 노동을 공통 측정척도로 삼을 수 있
을 것이라고만 말하고 더 이상 분석하지 않았다(《국부론》,
41쪽). 이 문제는 이론적으로도 현실적으로도 해결할 수 없
는 문제일 것이다.

노동가치설의 두 번째 문제점은 노동만이 아니라 자본
과 토지도 생산에 투입되는 자본주의 경제에서 노동만이
가치의 원천이라고 볼 수 없다는 것이다. 스미스도 이 때
문에 사유재산이 없었던 초기 원시사회에만 노동가치설이
적용될 수 있고, 사유재산이 존재하는 자본주의 사회(스미
스의 상업사회)에서는 자본과 토지도 생산에 투입되므로, 상
품의 가치는 임금, 이윤, 지대라는 세 가지 요소로 구성된
다고 보았다(《국부론》, 60~64쪽).

이상에서 본 바와 같이 스미스의 노동가치설은 투입 노
동량의 측정이 어렵고, 사유재산이 존재하는 경제에는 적

용이 곤란하다는 두 가지 이론적 문제를 갖고 있다.[1] 그러나 노동이 가치의 원천이라는 관점은 그 이전의 중상주의와 중농주의를 넘어서는 혜안이다.

인간에게 필요한 모든 물자가 인간 노동의 산물이라는 것은 누구나 알고 있는 사실이므로, 노동가치설의 관점은 동서양에서 모두 일찍부터 존재해왔다. "일하지 않는 자는 먹지도 말라"(《테살로니카 후서》, 3장 10절)라는 사도 바울의 말이 한 예일 것이다.

노동가치설은 자본주의 사유재산 제도의 정당성을 마련하는 근거이기도 하다. 자기가 일하여 얻은 것을 자기가 갖는 것은 당연하기 때문이다. 로크, 흄, 스미스 등 영국의 고전적 자유주의자들은 모두 이런 노동가치설의 입장에서 사유재산제도의 정당성을 주장했다. 그러나 소득 중 노동이 아니라 재산 소유 덕분에 얻는 부분이 많은 자본주의에서는 노동가치설로 사유재산의 정당성을 주장하는 것은 무리일 것이다.

마르크스 경제학이나 현대 경제학에서 임금노동자의 노

---

1 스미스의 노동가치설은 리카도(David Ricardo)와 마르크스로 계승되었는데, 이들이 이런 이론적 한계를 해결했느냐는 논란의 대상이다.

동만을 노동으로 보는 것과 달리, 스미스는 노동에 임금노동자만이 아니라 자영업자와 고용주의 노동도 포함시켰다. 이는 그가 아직 노동자와 자본가의 분화가 불완전하여 고용주도 노동자와 같이 일했던 공장제수공업 시대에 살았기 때문인 것 같다.

스미스가 노동가치설에 기여한 중요한 점은 부의 본질에 관하여 좀 더 정확한 관점을 제시한 것이다. 그는 사회의 부의 원천은 생산임을 지적했다. 인간의 생산적 활동이 노동이기 때문이다. 이것은 이전의 중상주의와 중농주의보다 발전된 견해이다.

중상주의자들은 금은이 부이며, 금은을 획득하는 수출이 국부를 증대시키는 산업이라고 보았다. 스미스는 이를 비판하여, 노동가치설의 입장에서 화폐(금은)는 부가 아니고, 원활한 교환을 위한 매개체에 불과함을 지적했다. "화폐의 유일한 용도는 소비재를 유통시키는 것이다."(《국부론》, 416쪽) 따라서 무역을 통한 금은의 증가는 경제번영의 결과이지 원인이 아니며, 무역을 통한 금은의 해외 유출은 경제쇠퇴의 결과이지 원인이 아니라고 정확하게 지적했다(《국부론》, 417쪽).

18세기 프랑스의 중농주의자들은 중상주의를 비판하고 농업(목축업 포함)만이 부를 창출한다고 보았다. 동식물의 번식만이 진정한 생산이고, 상공업은 부를 창출하는 것이 아니라 이미 창출된 부를 변형·가공하거나 수송할 뿐이라는 것이다. 중농주의는 금은 자체는 부가 아니며, 유통 과정이 아니라 생산 과정인 농업이 부를 창출한다고 본 점에서는 중상주의보다 발전된 견해를 가졌지만, 농업만이 생산적이라고 보았다는 것은 한계라고 하겠다.

스미스는 중농주의의 한계를 벗어나서 농업만이 아니라 제조업도 부를 창출한다고 보았다. 제조업에서도 노동이 투입되어 생산 활동이 이루어지기 때문이다. 그러나 스미스도 제조업보다는 농업이 훨씬 더 큰 가치를 생산하므로 "농업에 투자하는 것이 사회에 가장 유리하다"(《국부론》, 447쪽)라고 농업을 우선시했다.

가격과 소득의 결정

스미스는 사유재산이 존재하는 자본주의에서 노동만이

아니라 자본과 토지도 생산에 투입되므로, 이윤과 지대도 가치의 원천임을 인정했다. "임금, 이윤, 지대는 모든 수입과 모든 교환가치의 원래의 원천이다."《국부론》, 67쪽) "지대로 먹고사는 사람들, 임금으로 먹고사는 사람들, 이윤으로 먹고사는 사람들, (…) 이 세 계급은 모든 문명사회를 기본적으로 구성하는 3대 계급이다."《국부론》, 320쪽) 스미스가 말하는 토지는 주거용이나 상공업용 토지가 아니라 천연생산물을 생산하는 모든 산업(농업, 목축업, 임업, 광산업 등)의 토지를, 지주는 이들 토지의 소유자들을, 지대는 이들이 받는 수입이다.

어느 시기 어느 경제에서나 경제의 일반적인 상황에 의해 결정되는 임금, 이윤, 지대의 평균 수준이 있고, 이 평균 수준에 따른 평균 임금, 평균 이윤과 평균 지대를 합한 것을 그는 **자연가격**이라고 불렀다. 현실의 시장가격은 단기적으로는 일시적 요인들에 의해 자연가격과 다를 수 있지만 장기적으로는 자연가격으로 수렴한다(《국부론》, 71~77쪽). 자연가격은 현대 경제학에서 장기평균생산비라고 해석된다.

스미스가 분석한 임금, 이윤 및 지대의 결정 요인을 간략히 보자. **임금**은 고용주와 노동자 간의 **契約**에 의해 결정되는데, 이 협상 과정은 대개 고용주에게 유리하다. 고용주는 수가 적기 때문에 자기들끼리 쉽게 공모하여 단결할 수 있을 뿐만 아니라, 법과 정부가 고용주들의 단결은 금지하지 않으면서 노동자들의 단합은 금지하고 있기 때문이다(《국부론》, 87쪽).[2]

> 고용주들은 노동임금을 현재의 수준 이상으로 올리지 않기 위해서 언제 어디서나 일종의 암묵적인, 그러면서도 한결같은 연합을 지속적으로 맺고 있다. (《국부론》, 87~88쪽)

> 그들(노동자들-필자)은 절망하고, 그리고 절망적인 사람처럼 황당하고 제멋대로 행동하는데, 그 이유는, 그들은 고용주를 위협해서 자신들의 요구를 곧바로 받아들이도록 하지 않으면 굶어 죽기 때문이다. 이런 경우 고용주들도 노동자들을 향해 큰소리를 지르고, 치안판사의 도움을 끊임없이 소리 높여 요구하고, 하인, 노동자, 직인의 단합에 대해 엄한 현행 법률의 엄격한 집행을 소리 높여 요구한다. 그리하여 노동자들은 이 소

---

2   영국에서 노동조합은 1872년에야 합법화되었다.

란스러운 단합의 폭력행사로부터 거의 아무런 이익도 얻지 못하는데, 부분적으로는 치안판사의 개입 때문에, 부분적으로는 고용주들의 뛰어난 침착함 때문에, 그리고 부분적으로는 대부분의 노동자들이 당장의 생존을 위해 굴복할 수밖에 없는 필연성 때문에, 이러한 폭력행사는 주모자의 처벌과 파멸 이외에는 아무것도 얻지 못하고 끝나는 것이 보통이다. 《국부론》, 88~89쪽)

위 글에서 알 수 있는 바와 같이, 스미스는 우리의 예상과 달리 노동자들에게 깊은 동정심을 갖고 있었다. 이는 그가 착한 품성을 가졌을 뿐만 아니라, 어느 계급에도 치우치지 않은 공평한 관점을 가지고 있었음을 보여준다.

어느 사회라도 그 구성원의 대부분이 가난하고 비참하다면 번영하는 행복한 사회일 수 없다. 뿐만 아니라 국민 전체의 의식주를 공급하는 노동자들이 자기 자신의 노동생산물 중 자기 자신의 몫으로 그런대로 잘 먹고 잘 입고 좋은 집에서 살 수 있어야 공평하다고 할 수 있다. 《국부론》, 102쪽)

임금상승을 억제하려는 고용주들의 은밀한 공모에도 불구하고, 노동에 대한 수요가 증가하면 임금이 상승한다. 경제가 성장하면 노동수요가 증가하기 때문이다. 영국에서는 16세기 이래 경제가 계속 성장했고 그 덕분에 임금이 현저하게 상승했다. 그러나 경제성장이 없는 정체 상태에 있으면 아무리 부유한 나라라도 임금이 높을 수 없다(《국부론》, 90~102쪽). 그러나 현대 선진국들을 보면 이 말은 맞지 않는 것 같다. 이들 국가 경제는 정체 상태에 있음에도 불구하고 높은 임금 수준을 유지하고 있기 때문이다.

식료품이나 아마포와 같은 노동자의 생필품 가격이 하락하면 노동자의 실질임금은 상승한다. 당시 영국에서는 17세기 이래 농업과 제조업의 생산성 향상으로 노동자의 생필품 가격이 하락하여 노동자들의 생활이 개선되었다(《국부론》, 99~102쪽).

그 밖에도 작업이 힘들수록, 배우는 데 비용이 많이 들수록, 1년에 일할 수 있는 날이 적을수록, 높은 신뢰도가 필요할수록, 성공하기 힘들수록, 직업이 불안정할수록 임금이 비싸진다(《국부론》, 129~154쪽).

고용주가 자본으로부터 얻는 **이윤**은 노동임금보다 훨씬 더 변동이 심하고 측정하기 힘들다. 이윤은 시장가격만이 아니라 경쟁자들의 행동, 제품의 생산만이 아니라 수송과 보관 등으로부터도 영향을 받기 때문이다. 이 때문에 정확한 이윤율은 확정할 수가 없고, 대체적인 수준은 이자율을 보고 알 수 있다. 이윤율과 이자율은 대개 같이 변하기 때문이다(《국부론》, 115~116쪽). 통상 이윤율은 투자의 위험부담을 보상하기 때문에 이자율보다 다소 높다(《국부론》, 126쪽).

경제가 부유해질수록 자본이 증가하여 이자율과 이윤율은 하락한다. 16세기 초 이래 영국은 경제성장 덕분에 자본이 축적되어 이자율과 이윤율은 하락한 반면 노동수요는 증가하여 임금은 상승했다. 반면에 영국보다 자본이 부족한 스코틀랜드와 프랑스에서는 이자율이 높고, 영국보다 더 부유한 네덜란드에서는 이자율이 영국보다 더 낮다(《국부론》, 116~120쪽).

지대는 임금이나 이윤과 달리 노력에 대한 대가가 아니라 소유에 따른 권리이다. 농토만이 아니라 가축을 방목할 수 있는 황무지, 해초를 채취하거나 낚시할 수 있는 해변의 땅, 광산 등 수입을 얻을 수 있는 모든 토지에서 지주는 지대를 받는다. 그래서 지대는 일종의 독점가격이다(《국부론》, 189쪽). 당시 영국은 농업 자본가가 지주에게 땅을 빌려서 농업노동자를 고용하여 농사짓는 상업적 농업이 전형적인 경영 방법이었다. 이런 상업적 농업의 수입 중에서 농업노동자들에게 지불한 임금과 차지인의 농업경영에 필요한 최소의 이윤을 제외한 모든 잉여가 지주에게 지대로 돌아간다. 지대는 토지의 생산성의 차이를 낳는 비옥도의 차이와 위치 등에 따라 결정된다(《국부론》, 191~192쪽).

스미스에 따르면, **장기 경제발전**은 지주계급과 노동자계급에게는 유리하지만 자본가계급(상업과 제조업의 고용주)에게는 불리하다. 경제발전에 따라 자본이 풍부해져서 이윤율이 감소하고 노동수요가 증가하여 임금이 상승함은 앞서 이미 보았다. 스미스는 경제발전으로 지대도 증대한다고 보았다. 토지의 개량과 확장에 따른 토지 생산물의 증가, 토지 생산물 가격의 상대적 상승, 농업생산성의 향상과 그에 따른 농업노동자의 고용 감소, 공업생산성 향상에 따른 공업생산물 가격의 하락 등, 사회의 장기 진보에 따른 여러 현상들이 모두 지주들의 지대 몫을 증대시키기 때문이다. 반대로 사회가 쇠퇴하는 국면에서는 지주, 자본가 및 노동자들의 몫이 모두 감소한다. 번영기에는 지주가 가장 큰 이익을 얻으며 쇠퇴기에는 노동자들이 가장 큰 고통을 받는다(《국부론》, 318~321쪽).

스미스는 사유재산 제도와 시장경제를 적극 지지했지만 지주계급과 자본가계급을 고운 눈으로 보지 않았다. **지주들은 무위도식하며 나태하고 분별없다고 경멸했으며, 자본가들은 자신들의 이익만 알고 사회를 기만한다고 불신했다.** 스미스로 돌아가자고 외치는 신자유주의자들이 다음 구절을 읽었는지 궁금하다.

세 계급 중에서 그들(지주 - 필자)은 스스로 노동도 하지 않고, 조심도 하지 않고, 마치 저절로 굴러 오는 것처럼 자기의 의도·계획과는 무관하게 자신의 수입을 얻는 유일한 계급이다. 그들의 상황은 평안하고 안전하기 때문에 자연히 나태하게 되며, 따라서 그들은 어떤 국가정책의 결과를 예견·이해하는 데 필요한 통찰력을 가질 수 없을 뿐만 아니라 사용할 수 없게 된다. (《국부론》, 321쪽)

따라서 이러한 계급(자본가 - 필자)이 제안하는 어떤 새로운 상업적 법률·규제들에 대해서는 항상 큰 경계심을 가지고 주목해야 하며, 그것들을 매우 진지하고 주의 깊게 오랫동안 신중하게 검토한 뒤에 채택해야 한다. 왜냐하면, 그들은 그들의 이익이 결코 정확히 공공의 이익과 일치하지 않는 계급, 그리고 사회를 기만하고 심지어 억압하는 것이 그들의 이익이 되며, 따라서 수많은 기회에 사회를 기만하고 억압한 적이 있는 계급으로부터 나온 제안이기 때문이다. (《국부론》, 323쪽)

노동, 자본, 토지를 3대 생산요소로, 노동자, 자본가, 지주를 3대 계급으로 보는 스미스의 분류는 현재도 경제학에서 사용되고 있다. 스미스가 이렇게 생각했던 것은 당시에 지주가 중요한 사회계급이었고, 자본의 소유와 경영이 분리되지 않았기 때문이었을 것이다. 그러나 20세기 이후 현대 자본주의에서 지주는 경제적으로도, 정치적으로도 더 이상 중요한 사회계급이 아니다. 또한 자본시장에서 주식이나 채권을 발행하여 자본을 조달하는 것이 용이해졌으므로, 자본의 소유와 경영이 분리되는 것이 추세이다. 따라서 현대에는 자본가를 구분할 때 단순히 재산을 기업에 빌려준 대가로 이자나 임대료를 받는 재산가, 위험을 감내하고 기업을 설립하고 운영하는 기업가, 이렇게 두 계급으로 나누는 것이 좋을 것이다. 이 두 계급의 역할과 소득의 원천은 질적으로 다르다. 그리고 재산을 생산에 제공하고 재산소득을 받는다는 점에서 지주와 재산가는 동일하다. 따라서 현대 자본주의 경제에서는 노동, 재산(돈, 기계, 건물, 토지, 지적 재산 등) 및 경영을 3대 생산요소로, 노동자, 재산가 및 기업가를 3대 계급으로 보는 것이 더 적절할 것이다.

분업과 노동생산성 향상

《국가의 부의 본질과 원인에 관한 탐구》라는《국부론》의 원래 제목이 말해주듯이, 경제발전의 요인과 과정을 분석하는 것이《국부론》의 주제이다. 국부의 증대 과정이 경제발전이고, 경제발전은 생산의 증대 과정이다. 스미스가 지적한 바와 같이 생산 증대 요인은 둘일 것이다. 하나는 생산에 참여하는 노동자의 고용 증대요, 둘은 고용된 노동자의 생산성 향상이다.

"한 나라의 토지와 노동의 연간생산물의 가치는 오직

생산적 노동자의 수를 늘리거나, 이전에 고용된 노동자들의 생산성을 증가시킴으로써만 증대될 수 있다."(《국부론》, 420쪽)

생산 증대의 두 요인 중에서 스미스는 노동생산성의 향상을 먼저 논했다. 스미스는 노동생산성 향상은 생산도구(기계와 도구)의 개선과 분업의 발전이라는 두 가지 요인을 통하여 이루어진다고 보았다(《국부론》, 420쪽). 이 중에서도 분업이 더 중요한 요소라고 보고, 이를 《국부론》의 맨 첫 부분에서 상세히 논했다. "노동생산력을 최대로 개선·증진시키는 것은, 그리고 노동할 때 발휘되는 대부분의 기능·숙련·판단은 분업의 결과였던 것 같다."(《국부론》, 7쪽) 그는 이를 핀 공장의 예를 들어 설명했다. 분업이 전연 이루어지지 않는 핀 공장에서는, 노동자 한 명이 하루에 20개도 못 만들지만, 철사를 늘리고, 펴고, 자르고, 구부리는 등 모두 18공정으로 나누어 분업이 이루어지는 핀 공장에서는 노동자 한 명이 하루 평균 4,800개의 핀을 만들 수 있다. 분업 덕분에 노동생산성이 240배 증가한 것이다(《국부론》, 8~9쪽).

분업이 노동생산성을 증가시키는 세 가지 이유로 스미스는 첫째 노동자의 숙련도 증가, 둘째 한 공정에서 다른 공정으로 이동하는 시간의 절약, 셋째 기계 발명이 쉬워짐을 들었다(《국부론》, 11쪽).

핀 공장 이야기는 한 공장 내에서의 **공정 간 분업**이지만, 산업 간 분업도 생산성 향상에 중요하다. **산업 간 분업**은, 사람들이 서로 다른 상품을 만들어 교환하는 것을 말한다. 분업 덕분에 생산의 전문화가 가능해지고 그 덕분에 생산성의 향상이 가능했다. 만일 사회적 분업을 통한 생산 전문화가 이루어지지 않았다면, 인류사회는 수렵채취의 원시사회를 벗어나기 힘들었을 것이다. 스미스의 분업은 공정 간 분업과 산업 간 분업을 모두 포함한다.

자본축적과 고용증대

노동생산성 향상과 더불어 경제발전의 요소로 스미스가 또 하나 지적한 것은 자본축적이다. 두 가지 이유에서 경제발전에 자본축적이 필요하다. 하나는 고용증대를 위해서이다. 자본이 있어야 노동자를 고용할 수 있기 때문이다. 둘은 노동생산성 향상을 위해서이다. 자본이 있어야 기계와 도구를 추가하거나 개선할 수 있기 때문이다(《국부론》, 420쪽).

자본을 축적하려면 저축해야 하고, 절약해야만 저축할 수 있으므로 스미스는 근검절약을 칭송하고 낭비를 비난했다. "자본은 절약에 의하여 증가하고 낭비와 잘못된 행동에 의해 감소한다."(《국부론》, 413쪽) 더 부유하게 살기를 원하는 것은 모든 인간의 본성이고, 더 부유하게 살려면 저축하여 재산을 증식해야 하므로 – 때로는 예외적으로 낭비에 빠지는 경우가 있긴 하지만 – 사람들은 대부분 전 생애에 걸쳐 절약하는 것이 보통이다. 다음 글은 재산을 목숨보다 중시했던 부르주아지의 대변인이었던 그의 통찰력을 잘 보여준다.

소비를 촉진시키는 원동력은 현재의 즐거움에 대한 욕구이다. 그것은 때로는 격렬하여 자제하기 어렵지만 일반적으로는 오직 일시적이고 돌발적인 것이다. 그러나 저축을 촉진하는 원동력은 우리의 상태를 더 좋게 하려는 욕망이고, 일반적으로는 조용하고 열정적이지 않지만 태아 적부터 가지고 있는 것이고, 무덤에 묻힐 때까지 우리 곁을 떠나지 않는다. 태어나서

죽을 때까지의 기간 전체를 통해서 사람들이 어떤 변경이나 개선을 희망하지 않을 정도로 자기의 처지에 만족하는 순간은 아마 한 번도 없을 것이다. 재산의 증식은 대부분의 사람들에게 자신의 처지를 개선시키려는 수단이다. 그것은 가장 통속적이고도 분명한 방법이다. 그리고 재산 증식의 가장 확실한 방법은, 그들이 획득하는 것의 일부를 항상 그리고 해마다 또는 어떤 특별한 경우에 저축하고 축적하는 것이다. 그러므로 낭비의 행동원리가 특정 시기의 거의 모든 사람에게, 그리고 거의 모든 시기의 특정인들에게 우세할지라도, 대부분의 사람들에게는 전 생애를 평균해 보면 절약의 행동원리가 우세하며 더구나 아주 우세하다. 《국부론》, 419쪽)

누구나 경제적으로 더 잘살기 위해 스스로 열심히 노력하고 저축하는 것이 인간의 강력한 본성이며, 이 본성이 개인과 국가의 경제발전의 원동력이라는 것은 스미스의 자유주의의 토대를 이루는 관점이므로 잘 기억해둘 필요가 있다.

자본축적과 관련하여 스미스는 노동을 생산적 노동과 비생산적 노동으로 나눈 것이 특이하다. **생산적 노동**은 농산물이나 공산물 같은 유형有形의 재화를 생산하는 노동을 의미하며, 반면에 **비생산적 노동**은 유형이 아닌 무형無形의 서비스를 생산하는 노동을 말한다. 배우, 가수, 무용수만이 아니라 왕과 그 신하, 군인, 성직자 및 모든 지식 노동자들 (변호사, 의사, 문필가 등)의 노동을 비생산적 노동이라고 그는 보았다(《국부론》, 405~406쪽). 이렇게 분류한 것은, 유형의 재화는 남겨서 축적될 수 있지만, 무형의 서비스는 생산과 동시에 소비되어 아무 것도 남기지 않는다고 보았기 때문이다(《국부론》, 405~406쪽). 즉, 생산적 노동은 자본축적에 기여하지만 비생산적 노동은 자본축적에 기여하지 못한다는 것이다. 그의 기준에 따르면 교사의 노동도 비생산적 노동이지만 비생산적 노동에 명시적으로 포함시키지 않은 것은 아마도 그와 그의 친구들이 여기에 해당되기 때문이 아닌가 짐작된다. 그는 비생산적 노동은 낭비라고 보았다. 특히 왕, 성직자 및 군인들로 구성되는 정부는 낭비적 존재임에도 불구하고 다행히 개인들의 절약이 정부의 낭비를 상쇄하기에 충분하다(《국부론》, 420쪽).

미래에 남길 수 있는 유형의 재화를 만드는 노동만이 생산적이라고 본 스미스의 생각은 지금 보면 잘못이다. 이 기준에 따르면 상업, 운수업, 금융업, 통신업, 교육산업 등 모든 서비스 산업이 비생산적이다. 이와 달리 서비스 산업에서의 생산도 생산에 포함시키는 현대 경제학의 관점이 옳다고 하겠다. 서비스 산업에 종사하는 노동도 부가가치를 생산하고 미래를 위한 저축과 투자에 기여하기 때문이다.

스미스가 기계와 도구 같은 유형의 재화로 구성되는 **물적자본**만이 경제발전에 기여한다고 본 것은 오류이다. 지식과 기술로 구성되는 **인적자본**도 물적자본과 똑같이 경제발전의 필수 요소이며, 인적자본을 생산하고 축적하는 교육과 연구는 물질적인 저축과 투자 못지않게 경제·사회발전에 필수적이다. 근현대가 고대나 중세보다 훨씬 더 빨리 경제발전을 달성할 수 있었던 데에는, 사람들이 미신에서 벗어나서 사물을 정확하게 이해할 수 있도록 도운 과학의 발전이 있었고 이는 전적으로 연구와 교육의 덕이다.

이런 점에서 생산과 저축에 관한 스미스의 견해는 수정이 필요하다고 하겠다. 그럼에도 경제발전을 위해서는 자본축적이 필요하며, 이를 위해서 근검절약하고 저축해야 한다는 주장이 부르주아지의 입장을 대변한 말이긴 하지만, 고금동서를 막론하고 타당하다.

자유 경쟁시장의 효율성

분업의 이익을 실현시키는 것이 교환이고, 교환은 '교환하려는 성향'이라는 다른 동물에는 없는 인간만의 독특한 본성으로부터 나온다고 스미스는 보았다(《국부론》, 17쪽). 교환은 시장에서 이루어지므로 시장이 발달할수록 교환과 분업이 발달한다.

스미스는, 정부는 경제에 간섭하지 말고 시장에 맡기는 것이 좋다고 했다. 요즘 신자유주의자들도 이런 주장을 한다. 그런데 현대에는 우리나라를 포함한 모든 나라의 대부분의 시장들이 재벌들의 독과점기업들에 의해 지배되는 독과점시장이므로, 시장에 맡기라는 신자유주의자들의 주장은 독과점기업에 맡기라고 하는 것과 같다. 그러나 스미스가 말한 시장은 독과점시장이 아니라 독과점 대기업이 없는 경쟁시장이라는 것을 명심해야 한다. 스미스는 경쟁시장이 효율적이므로 정부의 경제규제는 꼭 불가피한 것만 빼고 모두 폐지하라고 했다. 특히 당시 독과점은 모두 정부가 자기들과 유착한 소수 특정 대기업들에게 독과점적 영업권을 부여했기 때문에 형성된 것이었는데, 스미스는 이런 정부의 독점적 영업권 부여를 철폐하여 독과점을 없애고 경쟁시장을 만들어야 한다고 주장했음을 명심해야 한다.

시장이란 분업으로 생산된 상품들이 교환되는 물리적·추상적 공간이다. 남대문시장은 물리적 공간의 시장이고, 인터넷시장은 추상적 공간의 시장이다. 시장이 발달될수록 분업은 촉진된다. 자기가 만든 것만 소비하는 자급자족 경제에는 시장도 분업도 없다(《국부론》, 22쪽). 시장의 크기는 운수 교통의 발달에 비례하므로 운수가 발달한 곳에서 시장이 넓어지고 분업과 상공업이 발달한다. 수상교통이 육상교통보다 편리하고 저렴하기 때문에 수상교통이 편리한 바다나 강 유역에서 상공업이 일찍부터 발달했다(《국부론》, 23쪽).

교환은 **교환성향**이라는 인간의 고유한 본성에서 발생한 것이므로 시장은 누가 발명한 것도, 국가가 법으로 인위적으로 만든 것도 아니라 자연적으로 만들어진 **자생적 질서**이다.[3] 교환에는 강제적 교환도 간혹 있다. 강제적 교환은 당사자에게 이익이 되지 않는 교환이다. 이익이 있다면 강제할 필요가 없을 것이다. 반면에 자발적 교환은 당사자 모두에게 이익을 주기 때문에 자발적으로 이루어진다. 시장에서의 교환은 모두 자발적 교환이고, 강제적 교환은 시장 밖에서 이루어진다. 시장에서의 교환은 거래 당사자 모두에게 이익을 주는 자발적 교환이다. 시장에서 교환이 일어날 때마다 쌍방 거래자들은 모두 이익을 얻는다. 시장경제의 효율성의 근본 원인이 바로 이러한 **자발적 교환의 이익**에 있다. 이처럼 시장은 자비심이 아니라 자기사랑이라는 인간 본성에 부합한다. 다음은 이를 지적하는 스미스의 유명한 구절이다.

우리가 매일 식사를 마련할 수 있는 것은 푸줏간 주인과 양조장 주인, 그리고 빵집 주인의 자비심 덕분이 아니라, 그들 자신의 이익을 위한 그들의 고려 덕분이다. 우리는 그들의 자비심에

---

3 자생적 질서(spontaneous order)는 신자유주의의 아버지인 하이에크(Friedrich Hayek, 1899~1992)의 용어이다. 그는 사회질서를 인위적 질서(man-made order)와 자생적 질서로 나누고, 자생적 질서만이 부작용이 없는 조화로운 질서라고 주장했다. 하이에크는 자생적 질서는 사람의 의도가 아니라 진화의 결과로 만들어지며, 시장, 언어, 윤리 등이 자생적 질서라고 보았다(Hayek, 3쪽)

호소하지 않고 그들의 자기사랑에 호소하며, 그들에게 우리의 필요를 말하지 않고 그들 자신의 이익을 말한다. 《국부론》, 19쪽)

위 인용문 중에서 자기사랑이란 말은 "self love"를 번역한 것인데, 이기심은 부정확한 번역이다. 앞의 윤리학에서 본 것처럼 스미스는 '이기심selfishness'은 무분별한 탐욕과 같이 부정적인 말로, '자기사랑self love'은 공정한 규칙을 지켜서 남에게 부당한 피해를 주지 않는 범위에서 자신의 이익을 추구하는 긍정적 의미로 사용했다. 《국부론》에는 "selfishness"란 말은 한 번도 등장하지 않고, "self love"나 "self interest"란 말이 사용되었다.

인간 본성에 대한 깊은 이해의 토대 위에서 경제를 설명하는 것이 스미스의 중요한 특성이자 장점이다. 인간의 가장 강한 본성이 자기사랑이고, 분업과 교환은 바로 이 본성과 부합하는 것이므로, 이에 기초한 시장경제는 당연히 효율적이다. 자기사랑 내지 자기이익의 추구가 인간의 가장 강한 본성이며 사회발전의 원동력이라는 생각이 《도덕감정론》과 마찬가지로 《국부론》에서도 여러 번 강조되고 있다. 이 때문에 시장경제의 작동을 방해하는 정부규제가

없는 자유로운 시장경제가 최선의 경제이다. 다음이 이를
잘 표현한다.

그러므로 특혜를 주거나 제한을 가하는 모든 제도가 완전히
철폐되면, **분명하고도 단순한 자연적 자유의 체계**the obvious
and simple system of natural liberty가 스스로 확립된다. 이 체계
하에서 모든 사람은 **정의의 법을 위반하지 않는 한**, 완전히
자유롭게 자신의 방식대로 자신의 이익을 추구할 수 있으며
자신의 근면과 자본을 바탕으로 다른 누구와도(다른 어느 계급
과도) 완전히 자유롭게 경쟁할 수 있다. 이렇게 되면 왕은 사적
개인의 노동을 감독하고 그것을 사회 이익에 가장 적합한 직
업으로 인도해야 하는 의무로부터 완전히 해방된다. (《국부론》,
848쪽. 강조는 필자)

위의 인용문에서 "정의의 법을 위반하지 않는"이란 말
은, 앞의 63쪽에서 본 바와 같이, 다른 사람에게 부당한 피
해를 주지 않는다는 의미이다.

앞의 신학에서 본 바와 같이 스미스의 세계관은 자연조
화설이다. "분명하고 단순한 자연적 자유의 체계"는 하느

님이 만든 조화롭고 자유로운 인간 세상이고, 그 핵심은 자유로운 시장이다. 시장은 하느님의 섭리가 작용하는 곳이며, 개인의 이익이 자동으로 조정되는 기구이다. 그의 유명한 **보이지 않는 손**은 시장 기구를 가리킨다. 그에 의하면 하느님이 자연법칙을 만들어 만물이 조화롭게 운행되도록 한 것처럼 인간 세계에도 모든 사람의 경제활동이 자연적으로 조화롭게 운행되도록 하는 질서인 경쟁적 시장을 만들었으므로, 정부는 가능하면 경제에 개입하지 말아야 한다. "가능하면"이란 말을 쓴 것은 뒤에서 보게 될 '정부의 역할'에서와 같이 스미스도 정부의 경제 개입이 필요한 예외적인 경우들을 여럿 인정했기 때문이다.

《국부론》은 자유시장의 효율성을 풍부하고 구체적인 자료를 이용하여 성공적으로 설득했다. 《국부론》의 발행으로 경제적 자유주의가 중상주의의 개입주의를 대체하여 19세기 유럽과 북미의 지배적인 사조로 자리 잡게 되었으며, 1930년대 대공황 이후 케인지언 Keynesian의 개입주의에 오랫동안 밀려났었으나, 1980년대 이후 신자유주의의 유행으로 다시 세계적으로 부활하여 오늘에 이르고 있다. 자유로운 경쟁시장의 효율성의 근거로 스미스는 다음의 일곱 가지를 들었다고 생각된다.

첫째, 이미 살펴본 **분업**의 효율성이다. 분업을 촉진시키는 것이 시장이므로 시장경제는 효율적이지 않을 수 없다.

둘째, **자기사랑**이란 인간의 가장 강한 본성을 원동력으로 활용한다는 것이다. 이 점에서 시장경제는 다른 경제체제보다 동기부여 측면에서 우월하다.

셋째, **경쟁**의 효율성이다. 시장에서 벌어지는 생산자 간의 치열한 경쟁은 상품들이 가장 낮은 가격에 가장 좋은 품질로 공급되게 한다. 스미스는 독점의 폐해를 잘 알고 독과점 철폐를 주장했다. 경쟁이 없는 독점 기업은 가격 인하를 위해서도 품질 개선을 위해서도 노력할 필요가 없다. 모든 시장이 아니라 독점이 없는 경쟁시장만이 효율적이라고 스미스가 강조했다는 것을 명심할 필요가 있다.

넷째, 시장경제의 **정보 획득**에서의 효율성이다. 시장경제에서는 정부가 아니라 민간 당사자가 투자, 생산, 교환, 직업 선택 등 모든 경제적 의사결정을 한다. 이런 경제적 의사결정 과정에서 당사자가 정부보다 필요한 관련 정보들을 훨씬 더 많이 알고 있다는 당연한 사실을 스미스는 지적했다.

다섯째, 시장경제는 또한 현대경제학에서 말하는 **시장**

의 **신호등 기능**[4]이란 정보전달 기구를 갖고 있음을 스미스는 지적했다. 1990년대 초에 몰락한 소련과 동구의 사회주의 경제는 시장경제와 정반대되는 정부주도 경제의 극단적 형태이다. 이 경제에서는 투자, 생산, 수요 등 경제활동에 관한 정보를 중앙계획당국이 나름대로 조사하고 추정하여 계획을 세우고 그에 따라서 모든 경제활동이 이루어진다. 그러나 이런 정보를 정부가 정확히 입수할 방법이 없다. 특히 수요에 관한 정보를 정확하게 알 수가 없다. 구두를 예로 들어도 모양과 규격에 따라서 종류가 천차만별이므로 정확한 수요 정보를 입수할 수가 없고, 그냥 각 지방에서 올라오는 정보들을 취합하여 주먹구구식으로 만들 수밖에 없다. 더욱이 소비자의 수요는 시시각각 끊임없이 변하므로 정확하게 알 방법이 없다. 생산에 대한 정보도 부족하긴 마찬가지이다. 전국의 수많은 생산 현장에서 어떻게 생산이 진행되는지 정확히 알 수가 없다. 이 때문에 사회주의 경제에서는 필요한 물자는 턱없이 부족한 반면에 불필요한 물자는 과잉 생산되어 폐기되는 일이 예사다.

---

4 스미스는 이 말을 쓰지 않았다.

반면에 시장경제에는 시장의 신호등 기능이란 경제정보 전달 기구가 있다. 이는 **판매량, 가격, 수익률(이윤율)이라는 세 가지 변수**의 변동을 통해 작동된다. 어떤 상품의 순조로운 판매량 증가는 생산자에게 생산을 증가시키라는 신호를 보내고, 판매량 부진은 그 반대 신호를 보낸다. 어떤 상품의 가격 상승은 생산자에게는 생산 증대 신호를, 소비자에게는 소비 감축 신호를 보내고, 가격 하락은 그 반대 신호를 보낸다. 어떤 산업의 높은 수익률은 이 산업에 투자를 증가시키라는 신호이고, 낮은 수익률은 그 반대 신호이다. 이 덕분에 시장경제에서는 전반적으로 사회에 필요한 생산물들의 공급과 수요가 비교적 원활하게 조정될 수 있다. 즉, 자원 배분이 비교적 효율적으로 달성될 수 있다. 물론 불황이나 인플레 발생에서 알 수 있는 바와 같이 시장경제에서도 심각한 수급 불균형이 자주 발생하지만 사회주의와는 비교가 안 될 정도로 수급균형이 상대적으로 원만하게 이루어지는 편이다.

판매량, 가격 및 수익률의 세 가지 변수의 신호등 기능 중에서 《국부론》은 가격변동과 수익률변동의 신호등 기능을 여러 군데에서 지적했다. 예컨대 사람들은 수익률이 낮은 부분에서 높은 부분으로 자본을 이동시켜서 한정된 자본이 효율적으로 배분되도록 한다(《국부론》, 775~776쪽). 가격의 신호등 기능은 20세기 와서 하이에크가 시장경제의 효율성의 주요인으로 강조했다. 판매량 변동의 신호등 기능은 《국부론》에서 언급되지 않았지만 현실에서 가장 신속하게 작동하는 기능일 것이다. 현실에서는 가격이 경직되어 있는 경우가 많고 수익률 변동도 대개 일정 기간이 지난 다음에야 알 수 있는 것과 달리, 판매량 변동은 매일 발생하고 발생 즉시 공급자가 알 수 있기 때문이다.

여섯째, **사적 이익들의 조정 기능**이다. 시장경제에서는 각자 자신의 이익을 추구하는 개인들의 경제행위가 서로 충돌하여 조정되지 않는다면, 갈등만 존재하고 조화는 있을 수 없을 것이므로, 각 개인들의 사적 이익추구 행위를 조정하는 조절 기구가 필요하다. 시장경제에서는 시장 기구가 그러한 역할을 담당한다고 스미스는 보았다. 하느님의 손을 의미하는 '보이지 않는 손'이란 표현에서 느낄 수 있는 것처럼 스미스를 포함한 대부분의 시장경제 지지자들이 시장 기구의 이 기능을 신비로운 것으로 생각하지만, 이는 논리의 비약이자 오해이다. 이는 전혀 신비로운 것이 아니고 단지 시장에서 이루어지는 자발적 거래가 거래 쌍방 모두에게 이익이 될 뿐이다. 앞서(121쪽) 말한 바와 같이 당사자 모두에게 이익이 되지 않거나 어느 한쪽이라도 이익을 얻지 못하면 자발적 거래는 발생하지 않을 것이다. 시장경제에서는 시장경제 자체가 사익을 공익으로 전환시키는 것이 아니라, 각 거래마다 거래 당사자 모두가 이익을 볼 뿐이다.

외부효과[5]와 같은 경우를 제외하면, 시장교환의 이익은 세 경우로 나눌 수 있을 것이다. 첫째, 어떤 거래의 당사자 쌍방은 그 교환으로 이익을 볼 것이다. 둘째, 시장교환이라는 경쟁에서 패한 사람은 손해를 볼 것이다. 시장 경쟁에 참여했다가 경쟁에서 패배하여 교환에서 배제된 사람도 있기 마련이다. 예를 들어 어떤 소비자가 어떤 생산자의 상품을 선택하여 구매했다면 동일한 상품을 만드는 다른 생산자는 그 소비자에게 판매하지 못하는 손해를 입을 것이다. 셋째, 그 교환과 상관없는 사람들에게는 이익도 손해도

---

5 외부효과에는 대가 없이 경제적 혜택을 주는 **외부경제**와, 보상 없이 경제적 피해를 입히는 **외부불경제**가 있다. 도로 건설이 주변 토지의 지주들에게 무상으로 지가 상승이라는 혜택을 주는 것이 외부경제의 예이고, 공해가 외부불경제의 예이다. 적절한 금전 수수를 수반하지 않는다는 점에서 외부효과는 시장 밖에서 이루어진다고 본다.

주지 않을 것이다. 즉 '보이지 않는 손'이란 말은 시장에서의 자발적 교환의 이익을 **과장**한 말이다. 시장거래에서는 거래의 쌍방 당사자가 모두 이익을 얻을 뿐이다. 수많은 기업들이 문을 닫고 시장에서 퇴출되는 것을 보아도 시장경제가 모두에게 이익을 주는 것이 아님을 알 수 있다.

마지막 일곱째는 시장경제에는 정부권력자와 관리들의 부패와 이권 추구가 없다는 것이다. 정부의 실패가 없다는 말이다. **정부의 실패**란 국정을 운영하는 정치인과 관리들이 무능하거나 부패하여 국민경제 상태를 더 나쁘게 만드는 것을 말한다. 정치인과 관리들도 보통 사람과 똑같이 사리사욕에 찬 인간들이므로 자신의 권한을 악용하여 사리사욕을 추구하는 경우가 많다. 왕과 정부의 탐욕이 불량화폐 발생의 원인이며(《국부론》, 34쪽), 중국에서는 무능한 관리가 법의 이름으로 백성들을 수탈하며(《국부론》, 124쪽), 정부의 낭비가 국가경제 쇠망의 원인이 될 수 있으며(《국부론》, 419쪽), 인도에서 관리의 부패를 금지하는 것은 헛수고이며(《국부론》, 787쪽), 징세 청부인은 흔히 가혹하게 징세한다(《국부론》, 1123쪽) 등 많은 정부의 실패를 그는 지적했다.

이러한 자유시장의 효율성의 일곱 가지 요인 덕분으로

시장경제는 한정된 자원으로 생산과 투자, 나아가 경제발전을 촉진시키는 힘을 발휘한다. 이 덕분에 자본주의 경제는 그 이전의 전통적 경제와 비교가 안 되게 빠른 경제발전을 달성해왔다. 이처럼 자원 배분을 효율적으로 함으로써 생산과 투자, 나아가 경제발전을 촉진하는 시장경제의 장점을 **시장의 성공**이라고 부를 수 있다.

독과점의 폐해와 경쟁의 이익

개인의 부당한 탐욕을 예방하고 징계하는 유효한 장치로 스미스가 강조한 윤리, 법, 경쟁 중에서 윤리와 법은 앞서 윤리학과 법학에서 살펴보았으므로 이제 경쟁을 보자. 경쟁이 부당한 탐욕을 제어하는 사회적 장치가 되는 것은, 경쟁이 존재하면 부당한 방법으로 욕심을 채우려는 개인이나 집단은 선택에서 제외돼 퇴출되기 때문이다. 경쟁이 없는 독점 상태에서는 독점자가 부당한 탐욕을 자제할 필요가 없다. 이 때문에 독점은 필연적으로 횡포와 나태를 낳는다. 경쟁의 효과는 경제에서만이 아니라 다른 부문에서도 발휘된다. 스미스도 이 점을 누누이 강조했다.

오늘날의 독점은 대개 **규모의 경제**(생산 규모가 증가할수록 평균 생산비가 하락하는 현상)를 얻기 위해 기업이 생산 규모를 의도적으로 늘리기 때문에 발생하는 독점, 즉 자본의 집중과 집적에 의한 독점이며, 이는 시장이 만든 독점이다. 반면에 스미스 당시 중상주의 시대의 독점은 정부가 특정 기업에게 독점적 영업권을 부여했기 때문에 생긴 독점, 즉 정부가 만들어 준 독점이었다. 스미스는 이런 독점을 중상주의의 중요한 폐해의 하나라며 강하게 비난하고, 독점을 조성하는 정부 규제를 철폐할 것을 주장했다. 스미스가 비난한 독점은 소수 기업 간에 담합이 이루어지는 과점도 포함한다. 정도는 덜하지만 과점도 독점과 유사한 폐해를 갖고 있다.

당시 영국 의회중상주의 하에서 국회와 행정부를 장악한 대상공인들은 국내의 주요 산업 및 식민지 사업에서 배타적 영업권을 자기들끼리 나누어 가졌다. **정경유착**은 중상주의의 주요 특징이었다. 이 때문에 중상주의 하에서는 주요 산업들이 정부와 결탁한 소수 대상공인들에 의하여 운영되는 경우가 많았다. 스미스가 공격한 독점은 바로 이러한 정경유착으로 정부가 만들어준 독점이었다. 이 점에서 스미스가 비판했던 독점은, 자본의 집중과 집적으로 시장에서 형성된 현대의 독점과 다르다. 그러나 독점의 폐해는, 정부가 만든 것이든 시장에서 만들어진 것이든 동일하다.《국부론》이 지적한 다음과 같은 독점의 폐해는 오늘날에도 그대로 적용된다.

첫째, 독점은 공급을 제한하여 가격을 부당하게 높인다. 스미스가 지적한 바와 같이 독점이 없는 경쟁시장에서는 자연가격이 형성된다. 자연가격이란 경쟁시장에서 형성되는 정상적 비용에 평균적인 정상 이윤을 더한 것이다(104쪽 참조). 독점기업은 독점이윤을 얻기 위해 공급을 제한하여 가격을 자연가격보다 훨씬 높은 독점가격으로 인상시킨다. 독점자들은 시장을 끊임없이 공급부족 상태로 유지하여 수요를 충족시키지 않음으로써 이윤을 자연율 이상으로 크게 증가시킨다(《국부론》, 80쪽).

둘째, 독점은 국민소득과 저축을 감소시키고, 경제성장을 감퇴시킨다. 임금, 지대, 이윤이라는 국민소득의 세 가지 구성 요소가 모두 독점 때문에 축소된다고 스미스는 보았다. 독점은 이윤율을 인위적으로 비정상적으로 높임으로써 이 부문으로 투자를 집중시켜서 경제의 제한된 자본이 비효율적으로 배분되도록 하여 자본이 효율적으로 투자될 때보다 총생산을 적게 만든다. 총생산의 감소는 저축을 감소시키며, 이는 사회의 총자본을 감소시킨다. 노동을 고용하는 것이 자본이므로 이로 인해 고용과 임금이 감소한다. 독점은 지대도 줄인다. 원래 이윤율이 가장 높은 산업인 농업에 투자될 자본들이 독점으로 인해 이윤율이 인위적으로 높아진 독점산업부문으로 유출됨으로써 농업으로의 투자가 감소하고 그로 인해 농업의 생산이 줄어들기 때문이다. 독점은 이윤도 줄인다. 독점 부문의 이윤은 증가하지만 독점은 총자본을 감소시킴으로써 사회의 이윤 총액을 감소시킨다. 이와 같이 임금, 지대, 이윤이 모두 감소하여 총생산과 저축이 감소하고 그 결과 경제성장이 축소된다(《국부론》, 752~754쪽).

셋째, 독점은 **절약의 미풍**을 훼손한다. 스미스는 이것이 독점의 모든 다른 폐해를 합친 것보다도 더 치명적이라고 보았다. 독점은 돈을 쉽게 벌게 하고 쉽게 번 돈은 쉽게 낭비되기 때문이다(《국부론》, 754쪽). 씀씀이는 대개 소비할 수 있는 진정한 능력, 즉 소득과 재산의 크기에 있지 않고 얼

마나 돈을 쉽게 버느냐에 달려 있다. 독점으로 돈을 쉽게
번 상공인들이 근검절약하지 않고 호화사치에 낭비하게
되어 그 나라의 자본은 감소하고 그 결과 고용과 생산은
점차 감소한다(《국부론》, 755~756쪽).

끝으로 독점은 기업인의 불성실한 경영을 야기한다. 독
점은 훌륭한 경영의 적이다. 경쟁이 없으면 기업인은 훌륭
한 경영을 위해 노력하지 않기 때문이다(《국부론》, 192쪽).

《국부론》은 **경쟁의 이익**에 대해서도 상세히 분석했다.
경쟁은 상품 가격을 하락시키므로 종전의 독점기업은 손
해를 보지만 소비자는 이익을 본다(《국부론》, 161쪽). 경쟁은
또한 훌륭한 경영을 촉진시켜서 기업의 생산성을 높인다.
"훌륭한 경영은 자유롭고 보편적인 경쟁에 의하지 않고는
결코 보편적으로 확립될 수 없다."(《국부론》, 192쪽) 경쟁은
기업주만이 아니라 종업원들도 열심히 일하도록 한다. 자
신의 목표를 달성하기 위해 열심히 일하는 사람도 있으나
대부분의 사람들은 직장 내 동료 간의 경쟁에 자극을 받아
열심히 일하는 것이 보통이다(《국부론》, 933쪽).

스미스는 경제에서만이 아니라 사회의 다른 부문에서도
경쟁의 이익이 존재함을 지적했다. 영국에는 여러 법원들

이 있어서 시민들이 자신의 사건을 처리할 법원을 선택할 수 있었기 때문에, 법원들 간에 신속하고 공정한 판결을 내리려는 경쟁 구도가 형성되었다. 이것이 영국의 사법부가 대륙 국가들보다 더 좋은 사법 서비스를 제공할 수 있었던 주요인이었다(《국부론》, 888쪽). 대학 간 경쟁이 존재해야 각 대학이 발전하며, 학생들에게 지도교수 선택권을 주어야 교수들이 강의에 열성을 기울이게 된다(《국부론》, 937쪽). 경쟁은 종교에도 필요하다. 각 교파가 소규모이고 교파 수가 충분히 많다면 공공안녕을 해치는 종파는 나오지 않을 것이다(《국부론》, 973~974쪽).

독점의 폐해가 전형적으로 나타나는 것이 아마 정부일 것이다. 정도의 차이는 있지만 대부분의 정부가 무능, 부패와 나태의 늪에 빠지는 가장 큰 이유는 독점에 있을 것이다. 만일 청와대, 검찰, 국회, 국세청, 법원 등 정부 주요 기관들이 하나가 아니라 둘이라도 있어서 국민이 선택할 수 있다면 우리나라 정부의 실패는 현재보다 훨씬 적을 것이다.

스미스가 지적하였던 경쟁의 이익을 좀 더 생각해보자. **경쟁의 이익**은 두 가지 측면에서 파악할 수 있을 것이다. 하나는 이미 지적한 바와 같이 **탐욕과 반칙의 예방효과**이다.

경쟁시장에서 부당하게 가격을 높이거나 품질을 떨어뜨리는 기업은 소비자에게 외면받아 시장에서 퇴출당하는 징계를 받게 된다.

둘은 **동기부여 효과(자발성 유발 효과)**이다. 경쟁이 존재하면 경쟁에서 낙오되지 않기 위해 누구나 감시나 감독이 없어도 자발적으로 힘껏 각자의 일에 열성을 다하게 된다. 경영자는 경영 합리화에, 근로자는 자기 직무에, 교수는 연구와 강의에 최선을 다하게 된다. 이처럼 경쟁은 **자발성**을 유발하는 데 매우 효과적이다. 자발성은 모든 분야의 모든 일에서 효율성을 높이기 위해 아마도 가장 중요할 것이다. 자발성 없이 감시와 감독으로도 효율성을 높일 수 있지만, 감시와 감독은 자발성에 비해 효율이 떨어질 뿐만 아니라 감시와 감독에 따르는 비용이 발생한다.

자발성의 결여로 인한 효율성의 하락에 더하여 감시와 감독에 따르는 비용을 합한 것을 **강제비용**이라고 부를 수 있을 것이다. 사회주의에 비해 자본주의가 우월한 중요한 이유의 하나가 강제비용이 훨씬 적다는 것이다. 동독이 무너진 후, 수많은 요주의 인물들에 대한 어마어마한 양의 감시 보고서가 발견된 사실에서 알 수 있는 것처럼, 사회주의 경제가 무너진 주요 원인 중 하나는 강제비용이 사회가 부담할 수 없을 정도로 비대해진 것이었다고 생각된다.

강제비용에 대한 치료 수단이 **설득효과**다. 설득효과란 어떤 일이나 결정이 왜 필요한지를 당사자에게 납득시켜서 당사자의 동의를 이끌어내 자발성을 유발하는 효과를 말한다. 사람은 기계가 아니라 감정(특히 자존심)과 머리가 있는 존재이므로, 납득되는 요구에는 순응하지만 납득이 안 되는 요구에는 반발하여 눈속임하거나 회피하거나 저항하거나 심하면 반대 투쟁하게 된다. 설득 없이 힘이나 권위만으로 강요하는 것은, 정부의 정책도, 회사의 업무 지시도, 부모의 훈계도 모두 별로 성과가 없다.

설득을 위해서는 상호간의 신뢰와 이성적 설명의 두 가지가 모두 필요할 것이다. 즉, 설득하려면 가슴과 머리로부터 모두 동의를 얻어야 한다. 1993년 금융실명제 실시와 2016년 박근혜 탄핵이 성공할 수 있었던 것은, 대다수 국민이 그 정당성을 머리와 가슴으로 모두 이해한 덕분에 설득효과를 가져서 국민 대다수가 지지했던 덕분이다. 반대로 2004년 노무현 대통령 탄핵이 실패했던 것은 국민에게 설득효과를 가지지 못하여 국민과 헌법재판소의 반발을 초래했기 때문이다. 설득효과가 없는 것을 강행하면 당분 간은 시행되더라도 막대한 강제비용 때문에 결국은 실패 로 끝나게 된다. 박정희의 '10월 유신'이나 소련과 동구의 사회주의의 실패가 이를 보여준다.

경제규제 철폐

《국부론》은 제4편 정치경제학의 학설 체계 9개 장 중 1장 에서 8장까지가 중상주의에 대한 비판이고 9장이 중농주의 평가이다. 이는 중상주의에 대한 최초의 본격적이며 이론 적인 비판이다. 여기서 스미스는 정교한 경제이론과 풍부 한 역사적 자료를 이용하여 중상주의를 매우 설득력 있고 신랄하게 비판했다.

경제정책에 있어서 스미스의 가장 강력한 주장은 불합 리한 경제규제의 철폐를 통한 **경제의 자유화**이다. 여기서 경제규제 앞에 "불합리한"이란 말을 붙인 것은 스미스가 원칙적으로는 규제 철폐를 주장했지만, 뒤에서 보는 바와 같이 스미스가 인정한 정부 역할도 적지 않기 때문이다.

앞서 2장에서 본 바와 같이 스미스 당시의 18세기 후반 영국은 의회중상주의 시대였다. 영국의 의회중상주의는 프랑스나 스페인의 왕실중상주의보다는 덜했지만 정부의 경제규제가 상당히 남아 있었다. 스미스가 비판한 정부의 규제는 정부의 특혜도 포함된다. 특혜도 정부의 경제 개입이기 때문이다. 정부가 부여한 독과점적 영업권과 특정 산업이나 기업에 대한 각종 지원이 이에 해당한다.

경제규제의 폐해

정부의 경제규제는 자유로운 경쟁시장의 효율성을 방해하므로 철폐되어야 하는 것이 원칙이라고 스미스는 보았다. 가격규제, 매매규제, 직업선택과 이주에 대한 규제 등 모든 정부규제가 잘못이라고 그는 비판했다.

스미스에 따르면 **가격규제**는 불가능할 뿐만 아니라 심각한 폐해를 초래한다. 상품의 가격뿐만 아니라, 노동의 가격인 임금, 자금의 가격인 금리를 규제하는 것도 불가능할 뿐 아니라, 수요와 공급 간의 불균형을 야기해 국민의 경제생활을 더욱 어렵게 만든다는 것이다.

가격규제의 폐해에 대한 예로 그는 **곡물가격 규제**를 들었다. 유럽에서는 중세시대에 곡물의 공급과 가격 안정을 위하여 곡물의 수출과 매점매석, 그리고 일정 가격 이상으로의 판매를 금지했다. 특히 흉년에는 가격통제가 심했다.

스미스는 이런 규제가 오히려 기근의 원인이라고 비판했다. 모든 지역에서 흉년이 발생하는 것은 아니므로, 곡물 가격의 상승을 허용하면 곡물 가격이 싼 지역으로부터 비싼 지역으로 곡물이 도입되고, 가격 상승으로 인해 소비도 감소하여 흉년이 발생한 지역에서도 심한 곡물 부족 현상이 완화된다는 것이다. 곡물 교역에 대한 정부의 강압적 통제와 규제가 기근의 발생 원인이며(《국부론》, 641쪽), 반면에 "곡물 거래의 제한 없는 자유는 기근의 불행을 막는 데 유일하게 효과적인 예방책이기 때문에 곡물 부족의 폐해에 가장 좋은 완화책이다."(《국부론》, 642쪽)

근대 주류경제학도 스미스와 같은 견해를 갖고 있다. 가격 폭등은 수급 불균형을 조정하는 효과적인 수단이므로, 투기나 매점매석을 금지할 필요가 없다고 본다. 이는 외부에서 부족한 물자가 쉽게 들어올 수 있는 개방된 경제에 타당한 말이지만, 외부에서 물자 유입이 어려운 폐쇄경제의 경우에는 맞지 않는 말이다. 예를 들어 외국 무역이 거의 없는 후진국이나 전쟁 시와 같이 외부로부터의 물자 유입이 힘든 경우에는 가격통제와 배급이 불가피할 것이다.

임금규제도 효과가 없다고 스미스는 보았다. 산업발전으로 인해 상품 가격이 하락하고 실질임금이 상승하는 것은 법으로도 막을 수 없다. "경험에 의하면 법률이 가끔 임금을 규제하려고 했지만 결코 적절히 규제할 수 없었다."(《국부론》, 101쪽)

스미스는 직업 선택과 이주의 자유를 제한하는 중세의 잔재들도 비판했다. 중세의 **도제제도**는, 일정한 기간 동안 장인 아래에서 도제로 수련을 받은 뒤 동업조합guild의 허가를 얻어야 자신의 수공업 가게를 개업할 수 있도록 했다. 이 제도가 당시에도 남아 있어서 직업 선택의 자유를 제한하고 있었다. 또한 중세의 유물인 **구빈법**(1601년 제정)은 각 교구가 빈민 구제를 책임지도록 하면서 빈민들이 다른 교구로 이주하는 것을 금지했다. 스미스는 가난한 노동자들의 직업 선택을 제한하고 있는 이 규제들을 모두 철폐하여 직업 선택과 이주의 자유를 보장해야 한다고 보았다.(《국부론》, 470쪽). 그는 '구빈법'을 잉글랜드에서 가장 잘못된 행정이며(《국부론》, 177쪽), 자연적 자유에 대한 명백한 침해라고 비난했다(《국부론》, 183쪽).

무역규제의 철폐

스미스에 따르면, 중상주의 원리는 **중금주의**와 **보호무역주의** 두 가지이다. 즉 돈(금은)이 부富라는 것과, 금은 광산이 없는 나라는 오직 무역수지 흑자를 통해서만 금은을 얻을 수 있다는 것이다(《국부론》, 546쪽). "따라서 한 나라를 부유하게 하는 두 개의 큰 엔진은 수입제한 조치와 수출장려책이다."(《국부론》, 546쪽) 스미스는 수입제한 조치를 소비재에 대한 일반적인 수입제한과 자국의 무역수지가 적자인 특정한 나라에 대한 수입제한이라는 두 가지로 나누고, 수출장려책은 관세환급, 수출장려금, 외국과의 유리한 통상협정, 식민지 획득으로 나누었다. 그런 다음 이 여섯 가지 무역 규제조치 각각에 대해 한 장씩 할애하여 그 불합리성을 지적했다.

스미스에 따르면 무역규제의 가장 큰 피해는 시장 기구에 의한 효율적인 투자 배분을 왜곡한다는 것이다. 한 나라의 총생산물은 한정된 노동이 생산성이 가장 높은 부분부터 차례로 고용될 때 최대가 된다. 노동을 고용하는 것이 자본이므로 이는 노동 생산성이 가장 높은 부문부터 차례로 자본이 투자될 때에 달성된다. 그리고 이는 개인의 자유에 맡길 때 달성된다. 각 개인은 수익률이 가장 높은 부문부터 차례로 투자하기 때문이다.

> 각 개인은 그가 지배할 수 있는 자본이 가장 유리하게 사용될 수 있는 방법을 찾으려고 부단히 노력한다. 사실 그가 고려하는 것은 자기 자신의 이익이지 사회의 이익이 아니다. 그러나 자기 자신의 이익을 추구하는 것이 자연스럽게 또는 오히려 필연적으로 그로 하여금 사회에 가장 유익한 사용방법을 채택하도록 한다. (《국부론》, 549쪽)

특정 상품에 대한 수입규제는 이 상품을 생산하는 산업의 수익률을 인위적으로 높여서 이 산업으로의 자본 투자를 적정 수준 이상으로 증대시킨다. 이것은 그 나라가 경쟁력을 가진 산업에 투자하여 그 생산물을 수출함으로써 필요한 상품을 수입할 때보다 국내 총생산을 감소시킨다. 즉, 수입규제로 한 나라의 노동은 더 유리하게 사용될 수 있는 산업에서 덜 유리한 산업으로 이동하여 연간 생산물의 가치는 감소하게 된다(《국부론》, 554쪽). 수출 장려금도 마찬가지다. 이것도 투자수익률을 왜곡시켜서 효율적인 분업구조를 훼손한다(《국부론》, 629쪽).

예외를 인정하는 합리적 현실주의가 대륙의 관념주의와 비교되는 영국 경험주의의 특징이다. 스미스도 그러했다. 그는 무역제한 중에서 **항해조례**와 **포경업 장려**는 지지했다. 영국의 수출입 상품은 반드시 영국 선박만으로 운송되어야 한다고 규정한 '항해조례'[6]와 포경선에 대한 장려금은, 전시에 동원할 수 있는 선박과 선원을 증가시켜서 국방에 도움이 되기 때문이다(《국부론》, 561~563쪽).

스미스는 시장을 확대시켜서 분업과 교환의 이익을 증대시키고 국부를 증가시킨다는 이유로 식민지를 옹호했다. 그러나 이는 자유무역을 통해서만 가능하며, 식민지와의 교역을 독점무역으로 제한하면 투자의 왜곡이 발생하여 국부가 감소한다. 독점무역으로 식민지 사업의 수익률이 인위적으로 높아지면 효율성이 높은 인근 지역과의 무역으로부터 효율성이 낮은 원격지 식민지무역으로 자본이

6　2장 '각주 8' 참조(45쪽).

이동하기 때문이다(《국부론》, 693~725쪽). 이처럼 스미스도 영국의 수탈로 신음하던 식민지 원주민들의 처지는 고려하지 않았다.

무역규제는 잘못된 정부 책임에도 대부분 국가들이 현실에서 시행했다. 이는 당시 영국의회와 정부를 장악하고 있던 대상공인들이 자신들의 이익을 도모하기 위해서임을 스미스는 지적했다.

> 우리나라의 중상주의에 의해 장려되는 것은 주로 **부자와 권력자의 이익을 위한** 산업뿐이다. 가난한 자와 빈궁한 자의 이익을 위한 산업은 너무나 자주 무시되거나 억압받고 있다. (《국부론》, 794쪽. 강조 필자)

규제가 관료들의 권력의 원천이라는 것은 우리나라 관치경제에도 딱 들어맞는 동서고금의 진리일 것이다.

> 그런데 중상주의란 그 본질상 제한과 통제의 학설이며, 따라서 각 관청의 부서를 총괄하고 그들로 하여금 본연의 임무에서 벗어나지 않도록 하기 위한 점검과 통제에 익숙한, 끈기 있고 근면

한 관료들의 마음에 들 수밖에 없는 학설이다. (《국부론》, 818쪽)

스미스는 **무역의 이익**이 금은을 획득하는 데 있지 않으며, 잉여생산물을 수출하여 필요한 외국상품을 수입함으로써 시장 확대와 분업·교환의 이익을 증진시키고, 노동생산성을 향상시켜서 총생산을 증대시키는 데에 있다고 보았다(《국부론》, 541쪽). 또한 국내 생산자를 보호하기 위해 수입을 규제해야 한다는 주장을 비판하고, 다음과 같이 정확히 지적했다.

소비야말로 모든 생산 활동의 유일한 목표이자 목적이며, 생산자의 이익은 소비자의 이익을 증진시키는 데 필요한 한에서만 고려해야 한다. (《국부론》, 814쪽)

어느 나라나 무역 자유화를 주저하는 제일 큰 이유는 시장이 개방되면 경쟁력 없는 국내 산업에서 실업이 발생할 것을 두려워해서다. 스미스도 이 점을 인정했으나 걱정할 것 없다고 보았다. 한 나라의 총자본이 종전과 같다면 노동에 대한 수요는 종전과 같을 것이라고 보았기 때문이다. 수입 때문에 발생하는 실업자들이 수출산업에서 새 일자리를 찾아 쉽게 이동할 수 있다고 본 것이다. 즉, 산업구조조정이 쉽다는 것이다. 이를 위해서 스미스는 앞서 본 바와 같이 직업 선택과 이주의 자유를 제한하는 도제제도와 구빈법 등을 철폐해야 한다고 주장했다(《국부론》, 569~571쪽).

산업구조조정에 대한 스미스의 이러한 낙관은 당시 이미 세계 최고의 경쟁력을 갖고 있던 영국 산업의 자신감을 반영한 것으로 보인다. 그가 살던 스코틀랜드는 에든버러와 글래스고를 중심으로 무역과 상공업이 발달해 있었다. 스미스의 자유무역주의는 이러한 당시 영국 상공업자들의 자신감을 반영한 것이다.

그러나 일반적으로 수입 개방 때문에 발생한 실업자들을 수출산업에서 재고용하기란 매우 어렵다. 농산물 수입 개방으로 생업을 잃게 된 우리 농민들이 전자산업이나 자동차산업과 같은 수출산업에서 새 일자리를 얻기란 매우 어려울 것이다. 현실에서 산업구조조정은 매우 어려운 과정이다. 이 때문에 대부분 정부들은 경제개방을 주저한다.

정부의 역할

많은 신자유주의자들이, 정부는 경제에 일절 개입하지 말고 경제는 전부 시장에 맡기라고 주장한다. 그러나 이는 오해다. 현실주의자였던 스미스는 정부의 역할이 필요한 경우를 여럿 인정했다.

공정한 사회질서의 확립

스미스도 인정했듯이 국방, 사법(치안) 및 공공사업은 동서고금을 통해 모든 정부의 임무이다. 이 중에서 스미스는, 사유재산권을 목숨처럼 중히 여기는 영국의 고전적 자유주의자답게, 사유재산권의 보호를 위한 사법을 강조했다.

공정한 사회질서의 필요성

스미스만이 아니라 모든 자유주의자들은 무제한의 자유가 아니라 공정한 법(정의의 법) 안에서의 자유를 주장했다. 즉, 공정한 법질서를 전제로 자유를 주장했다. 공정한 질서가 없는 약육강식의 무질서에서는 아무도 자유로울 수 없기 때문이다. 로크가 말한 것처럼 "법이 없으면 자유도 없다."(Locke, 71쪽) 스미스는 신의 섭리에 의한 자연조화설을 신봉했으며, 이에 근거하여 규제철폐와 경제의 자유화를 주장했다. 그러나 그의 자유는 무제한의 자유가 아니라 정의의 원칙에 입각한 자유였다. 특혜를 주거나 제한을 가하는 모든 제도가 완전히 철폐된, "분명하고도 단순한 자연적 자유의 체계하에서 모든 사람은 **정의의 법을 위반하지 않는 한**, 완전히 자유롭게 자신의 방식대로 자신의 이익을 추구할 수 있으며"(《국부론》, 848쪽)라는 구절이 이를 분명히 보여준다.

자유주의의 최대 문제는 자유가 허용된 후에 발생할 수 있는 약육강식의 무질서일 것이다. 스미스가 윤리학에서 이미 지적한 바와 같이, 사람의 본성 중 가장 강한 것은 자기사랑이다. 이는 그가 인정했듯이 개체 보존과 종족 번식이라는 자연의 위대한 두 목적을 위한 것이며, 또한 사회와 경제발전의 원동력이기도 하다. 그러나 무분별한 자기사랑인 이기심(탐욕)은 다른 사람에게 부당한 피해를 입히기 쉽다. 탐욕으로 인한 인간의 추한 행동이《도덕감정론》에서는 별로 언급되지 않았지만,《국부론》에는 많이 나온다. 대상공인과 관료가 자신들의 이익을 위해 중상주의 규제를 만든 것, 중국에서 관료들이 법의 이름으로 백성들의 재산을 강탈하는 것, 징세 청부인들이 백성들의 파산을 상관 않고 가혹하게 징세하는 것 등은 이미 앞서 보았다(130쪽). 이것 말고도, 모든 것을 자신을 위해서만 하고 다른 사람들을 위해서는 아무것도 하지 않는 것이 지배계급의 비열한 좌우명이며(《국부론》, 504쪽), 장교들은 병력감축에 반대하고, 제조업자들은 시장에서 그들의 경쟁자 수를 증가시킬 법을 반대하며(《국부론》, 571쪽), 관리들은 필연적으로 부패하며(《국부론》, 135쪽), 고용주들은 임금 인상을 저지하기 위해 비밀리에 담합하는 것이 일반적이며(《국부론》, 87~88쪽), 동업자들은 만나기만 하면 대중을 기만하고 가격 인상 음모를 꾸미며(《국부론》, 167~168쪽), 고용주들은 사회 이익보다 자기 계급 이익을 우선하며(《국부론》, 322쪽), 독점기업들은 경쟁을 제한하는 규제를 만들며(《국부론》, 323쪽), 자치도시의 상공인들은 가격인상을 위해 공급을 제한하며(《국부론》, 162쪽), 상인들과 제조업자들의 당치도 않은 질투심은 국왕과 대신들의 변덕스러운 야심보다도 유럽 평화에 더 치명적으로 위험하다(《국부론》, 600쪽).

경제적 자유주의가 실현되기 위해서는 이런 개인들의 무분별한 탐욕이 제어되어야 하며, 이를 위해서 스미스는 세 가지가 필요하다고 보았다. 하나는 경쟁이요, 둘은 공정한 법질서요, 셋은 윤리이다. 이 중 경쟁은 '독과점의 폐해와 경쟁의 이익' 부분에서, 윤리는 3장 '스미스의 도덕 체계'에서 이미 논했으므로, 아래에서 공정한 법질서를 살펴보자.

공정한 법질서(사유재산권)의 확립

스미스가 강조한 공정한 법질서의 핵심은 **사유재산 보호**이다. 스미스는 각자 일한 것을 자기가 갖는 것이 정의에 부합한다고 생각했다. 이는 노동가치설과 표리를 이룬다. 이처럼 스미스는 균등분배가 아니라 개개인이 노력의 성과를 향유하는 것이 **분배정의**라고 생각했다. 이러한 분배정의가 실현될 때에만 사람들은 열심히 일하고 저축하고 투자하게 되어 경제가 발전하며, 그렇지 않으면 경제가 쇠퇴한다는 것이다.

정상적인 사법 행정이 존재하지 않고, 사람들이 자기 소유 재산에 대해 안전을 느끼지 못하고, 채무 상환 능력이 있는 사람들로 하여금 채무를 상환토록 강제하는 데에 국가의 권위를 언제든지 이용할 수 있을 것이라 기대할 수 없는 어떤 나라에서도, 상업과 제조업은 장기간 번영할 수 없다. 요컨대 상업과 제조업은 국가의 사법에 대한 일정 정도의 신뢰가 없는 나라에서는 번성할 수 없다. (《국부론》, 1134쪽)

사유재산을 보호하기 위해서는 **법치주의**가 필수불가결하다. 흔히 법치주의를 법의 공정한 집행만으로 이해하는데, 이보다 먼저 필요한 것이 법의 공정한 내용이다. 법의 공정한 내용이란 법의 내용이 누구에게는 유리하고 누구에는 불리하지 않아서 모두에게 공평한 것을 말한다. 민주주의가 확립되지 않았던 과거 수천 년간 절대군주국가나 현대 독재국가에서는 국가 권력자들이 자신에게 유리한 악법을 만들었다. 우리나라에서도 박정희의 유신헌법은 자신의 독재 유지를 위해 국민의 인권을 철저히 유린한 악법이었다. 법은 집행에 앞서 내용이 공정해야 한다. 불의한 법을 공정하게 집행하면 불의만 낳는다. 이 때문에 스미스를 비롯한 고전적 자유주의자들과 계몽주의자들[7]은 모두 자연법을 주장했다. 자연법이란 인위적으로 만든 법이 아니라 자연이 만든 법, 하느님이 만든 공정한 내용의 법, 정의의 법을 의미한다. 공정한 내용의 법을 공정하게 집행하여 개인의 생명, 신체 및 재산을 보호하는 것이 스미스 등 고전적 자유주의자들이 주장한 공정한 법질서이자 정부의 기본 역할이다. 경제 측면에서 보면 사유재산 보호가 핵심이고 주 내용은 치안 확보(범죄 예방), 계약 준수, 채무이행 보장 등이다.

역사적으로 보면 과거나 지금이나 항상 강자가 약자를 핍박하기 마련인데, 가장 힘센 강자는 국가 권력자들이었다. 그리하여 개인의 생명과 재산을 강탈하는 것은 대개 왕과 그 부하들이었다. 밀이 지적한 바와 같이, "권력자에 대해 제한을 가하는 것을 자유라고 불렀다."(Mill, 《자유론》, 18쪽) 국가권력자의 횡포를 법으로 금지하는 것이 스미스를 비롯한 영국 자유주의자들이 가장 강조하는 것 중 하나이다. 이를 위해 필수적인 것이 **사법부의 독립**이라고 스미스는 보았다.

그러나 모든 개인의 자유와 안전은 공평무사한 재판에 달려

---

7 근대 초기 유럽에서 고전적 자유주의자들과 계몽주의자들은 많이 겹친다.

있다. 모든 개인으로 하여금 자기의 모든 권리를 완전히 안전하게 누리고 있다고 느끼게 하기 위해서, 사법권은 행정권으로부터 분리되어야 할 뿐 아니라 가능한 한 독립되어야 한다. 재판관은 행정부의 변덕에 따라 면직되어서는 안 된다. (《국부론》, 890~891쪽)

앞서 《법학강의록》을 고찰할 때, 영국은 섬나라인 덕분에 외국의 침략에 대비한 육군을 대규모로 유지할 필요가 없었고, 이 때문에 영국의 왕권이 대륙 국가들에 비해 약하여 사법부가 일찍부터 왕으로부터 독립할 수 있었으며, 그 덕분에 사유재산권이 확보됨으로써 경제가 일찍부터 발전할 수 있었던 반면에, 16세기에 영국보다 훨씬 부강했던 스페인과 포르투갈은 왕으로부터 사법권이 독립하지 못한 탓에, 국민이 열심히 생업에 종사할 수 없어서, 영국보다 경제가 낙후하게 되었다는 사실을 스미스가 지적했음을 본 바 있다(89쪽). 그는 이를 《국부론》에서도 다시 지적했다(《국부론》, 751쪽).

사유재산권을 확립하여 권력자로부터 국민의 재산을 안전하게 보호하는 것이 법치주의의 핵심이며 경제발전을 위한 필수 조건이라는 스미스의 지적은 정곡을 찌른다. 달리 말하면 정치 권력자가 국민의 재산을 빼앗지 않는 선한 정치가 경제발전의 필수 조건이다. **국가권력자의 횡포를 방지하는 것이 근대 법치주의의 핵심이다.**[8] 이는 비단 스미스만이 아니라 로크와 밀 등 고전적 자유주의자들이 한결같이 강조한 것이다.

스미스는 각자 노력의 성과를 향유하는 것이 분배정의라 보고 사유재산의 보호를 매우 중시한 반면에, 국가에

---

[8] 왕이나 관리들의 탐학으로부터 개인의 재산을 보호하는 사유재산권 확립이 경제발전을 위한 필수적인 요소라는 관점은, 조선 말기 1894년에서 1897년까지 한국을 네 차례 방문했던 영국의 여성 지리학자 비숍(Isabella Bird Bishop)의 기행문 *Korea and Her Neighbours*(1898)의 주제이기도 하다. 이 책에서 비숍은 관리들의 탐학이 극심한 조선 국내에서는 백성들이 비참한 가난을 벗어나지 못하지만, 관리들의 탐학이 없는 러시아의 연해주로 이주한 조선인 마을은 경제적으로 번영함을 지적하면서, 관리들의 탐학으로부터 "생업에서 생기는 이익을 보호해준다"는 단서만 이루어지면, "한국인들은 길이 행복하고 번영할 민족임에 틀림없다"(이인화 역, 389쪽)고 보았다. "이곳(연해주 – 필자) 남자들에게서는 고국의 남자들이 갖고 있는, 그 특유의 풀죽은 모습이 사라져버렸다. 토착 한국인들의 특징인 의심과 나태한 자부심과 자기보다 나은 사람에 대한 노예근성이, 주체성과 독립심, 아시아인의 것이라기보다는 영국인의 것에 가까운 터프한 남자다움으로 변했다. 활발한 움직임이 우쭐대는 양반의 거만함과 농부의 낙담한 빈둥거림을 대체했다. 돈을 벌 수 있는 많은 기회가 있었고 만다린이나 양반의 착취는 없었다. 아낙과 어떤 형태의 재산도 더 이상 관리들의 수탈 대상이 되지 않았다."(위의 책, 276~277쪽)

의한 사후적인 재분배는 별로 언급하지 않았다. 사치품에 대한 고율 과세, 저소득층에 대한 초등교육, 다소의 빈민 구제가 국가의 임무라고 본 정도이다. 평소에 그가 자신의 수입 중 상당한 부분을 남몰래 기부했던 것을 보면, 재분배는 국가가 아니라 각자의 자선에 맡겨야 한다고 생각했던 것 같다. 이는 비단 그만의 생각이 아니라 당시의 일반적 생각이었다. 영국에서 국가에 의한 적극적인 재분배정책이 필요하다는 생각이 널리 보급되기 시작한 것은 사회적 자유주의와 페이비언 사회주의 사상이 등장한 19세기 말로 보인다.[9]

---

9 19세기 말 영국에서 노동자들의 빈곤문제를 해결하기 위해 고전적 자유주의를 비판하고 등장한 새로운 대표적 사상이 둘이다. 하나는 밀(J. S. Mill)에서 시작한 사회적 자유주의(Social Liberalism)이고 또 하나는 페이비언 사회주의(Fabian Socialism)이다. 당시 신자유주의(the New Liberalism)라고도 불렸던 사회적 자유주의는 자본주의의 틀 안에서 국가에 의한 적극적인 재분배정책을 주장하였으며, 영국 노동당의 전신인 영국 자유당의 이념이었다. 쇼(George Bernard Shaw)와 웹 부부(Sidney & Beatrice Webb)로 대표되는 페이비언 사회주의는 개량주의라는 점에서는 사회적 자유주의와 같으나 자본주의를 부정하고 민주사회주의 건설을 목표로 삼았다.

국방

외국의 침략으로부터 국가를 방어하는 국방은, 개인의 생명과 재산을 보호한다는 점에서 치안이나 사법과 같다. 스미스는 국방이 경제적 번영에 우선한다고 보았다. 이는 그가 외국과의 무역은 반드시 영국 국적의 선박을 이용함을 의무로 규정한 '항해조례'와 포경업에 대한 국가 지원이 경제적 자유를 훼손함을 인정하면서도 이들 규제를 지지한 것에서 알 수 있다(이 책 145쪽 참조).

공공사업

스미스는 기본적으로 경제활동은 민간의 자유에 맡기고 정부는 이에 개입하지 않는 것이 옳다고 보았다. 그러나 현실주의자였던 스미스는 경제에서 정부 역할이 필요한 예외적인 여러 경우들을 인정했다. 이를 공공시설의 건설과 운영, 공공교육과 문화예술 지원, 그 밖의 것들로 나누어 보자.

공공시설 건설과 운영

스미스도 도로, 교량, 운하, 항구, 우체국, 화폐 주조와 같은 공공시설이나 공공사업의 건설 및 운영은 정부가 맡아야 한다고 보았다. 이는 현대 경제학에서 **공공재**라고 불리는 것이다. 이들의 건설과 운영은 사회 전체적으로는 이득이 비용보다 크지만, 개별적으로는 상품으로 팔기 힘들기 때문에, 민간기업이 생산하기 힘들므로 생산과 공급을 정부가 담당해야 한다(《국부론》, 848쪽).

스미스는 공공시설을 위한 경비를 **수익자 부담의 원칙**에 의하여 이용자들에게 이용료를 징수함으로써 조달하는 것이 좋다고 보았다. 수익자 부담은 두 가지 점에서 바람직하다. 하나는 이득을 본 대가로 징수하므로 공평한 조세라는 것이며, 둘은 권력자의 별장을 위한 도로 건설이나 궁정 창문에서 바라보는 경관을 위한 장엄한 교량의 건설과 같은 불필요한 공공시설의 건설을 방지하여 재정 낭비를 막을 수 있다는 것이다(《국부론》, 893~894쪽). 그러나 현실적으로 일일이 이용료를 징수하는 것이 불가능한 경우가 많으므로 이를 시행하기는 쉽지 않을 것이다.

스미스는 소득 재분배 효과가 있는 **이용료 차등 부과**를 제안했다. 필수품 운송마차보다 사치품 운송마차에 더 높은 통행료를 부과한다면, "부자들의 교만함과 허영심이 빈민 구제에 매우 간단한 방법으로 기여하게 될 것이다."(《국부론》, 893쪽)

159

교육과 문화 활동 지원

스미스는 교육기관을 기부금으로 운영되는 공공교육기관과 학생 수업료로 운영되는 사립교육기관으로 나누었다. 당시에 대학이 대표적 공공교육기관이었고 사립교육기관에는 개인교사도 포함되었다. 스미스는 일반적으로 공공교육기관은 필요도 없는 것을 성의 없이 가르친다고 비판하고, 사립교육기관은 학생들에게 필요한 것만 열심히 가르친다고 칭찬했다. 공공교육기관은 재정에 대한 걱정이 없어서 노력할 필요가 없는 반면에, 사립교육기관은 학생들을 모으기 위해 열심히 가르치기 때문이다. 예를 들어 "옥스퍼드 대학교의 교수들 대부분은 지난 수년간 강의 흉내도 내지 않을 만큼 자신들의 의무를 완전히 방기하고 있다."(《국부론》, 935쪽) 반면에 모두 사립으로 운영되는 여성교육은 모두 필요한 것만 훌륭하게 가르치고 있다고 칭찬했다(《국부론》, 935~957쪽). 이처럼 스미스는 정부의 교육 지원은 일반적으로 필요 없다고 보았으나 예외적으로 다음과 같은 교육에는 정부 지원이 필요하다고 보았다.

스미스는 서민 자제들을 위한 **의무 초등교육**은 정부가 제공할 필요가 있다고 보았다. 스미스는 청소년을 위한 교육의 필요성을 단순한 복지정책 차원이 아니라 자본주의 사회의 분업이 야기하는 **인간성의 황폐화**라는 문제에서 찾았다. 자본주의에서 인간성의 황폐화를 지적한 점에서도 보이듯 – 경제발전 단계설에서와 마찬가지로 – 스미스는 마르크스의 선구이다. 그러나 자본주의 사회에서의 인간성 황폐화의 원인을 스미스는 분업의 발달에서만 찾았고, 마르크스가 강조했던 사유재산제도와 계급갈등과는 연결시키지 않았다.

앞서 본(83쪽) 바와 같이 스미스는 인류 사회가 수렵, 목축, 농업 및 상업사회의 순서로 발전해왔다고 보았다. 이 중 상업사회 이전인 수렵, 목축, 농업사회에서는 분업이 없어서 "한 개인이 다양한 직업을 갖기 때문에 그는 계속해서 발생하는 각종 어려움을 해결하기 위하여 능력을 발휘하게 될 뿐만 아니라, 이를 제거하는 방법을 발명하게 된다. 덕분에 창조력은 생생하게 유지되며, 문명사회(상업사회)의 거의 모든 하층민에게서 나타나는, 이해력을 마비시키는 졸리는 듯한 마비상태에 빠지지 않는다."《국부론》, 959쪽)

그러나 상업사회에서는 분업이 발달하여 하층노동자들은 일생 동안 한두 가지 작업에만 종사하게 되는 탓에, 사고력은 쇠퇴하고 인간성은 고갈된다. 노동자의 기술은 이러한 희생의 결과로 얻어지는 것이다. 정부가 예방하지 않으면 대다수 국민인 노동빈민은 필연적으로 이런 상태에 빠지게 된다(《국부론》, 958~959쪽).

이런 정신의 황폐화를 막기 위해 청소년에 대한 교육이 필요하다. 특히 국민 대다수를 이루는 **빈민노동자층의 청소년 교육**은 국가가 책임져야 한다. 상류층 부모는 자식을 교육시킬 수 있지만 빈민들은 그렇게 할 여유가 없기 때문이다(《국부론》, 961쪽).

이런 교육은 대다수 국민의 정신과 정서를 고양시켜서 인간성의 불구화를 치유할 뿐만 아니라 국가에도 큰 이익이 된다고 스미스는 보았다. 교육은 광신과 무지 때문에 발생하는 무서운 무질서를 예방하고, 국민의 예의와 질서 정신을 높이고, 자존심을 갖게 하며, 상관에게 순종하게 하며, **"정부 정책에 대해 방자하거나 불필요한 반항을 더 적게 하게"** 만들기 때문이다(《국부론》, 965쪽). 여기서도 그가 당시 영국의 지배계급이었던 부르주아지의 보수적 입장의 대변자였음을 알 수 있다.

국가가 각 교구나 지역에 작은 학교를 설립하여 적은 수업료를 받고서 읽기, 쓰기, 셈하기 같은 기초교육을 제공할 것, 이런 교육을 모든 국민에게 **의무교육**으로 부과할 것을 그는 제안했다. 의무교육에서도 다른 교육에서와 마찬가지로 스미스는 무상교육, 교사 봉급의 획일화와 전액 국가 지원을 반대하고, 학생이 수업료의 일부를 부담할 것과 교사 봉급에 수강생의 수를 반영할 것을 주장했다. 부모와 교사들이 나태하게 되는 것을 막기 위해서다(《국부론》, 961~962쪽).

스미스는 **고등교육**과 **시민의 문화 활동**에 대한 정부 지원도 비슷한 관점에서 인정했다. 제조업의 발달과 도시화는 대중의 고립과 반ㄸ사회성 및 종교적 광신을 낳는데, 이를 위한 치료책으로 스미스는 대학교육과 대중의 문화 활동에 대한 지원을 지지했다. 학문 탐구는 종교적 광신과 미신이라는 해악을 제거하는 최고의 해독제이다. 국가는 **검정시험제도**를 실시하여 중류층이나 상류층 사람들이 자유직업을 가지거나 명예직 후보자로 나서기 전에 물리학, 도덕철학, 논리학 등 고등학문 검정시험을 치르게 하여 합격한 사람에게만 자격을 부여할 것을 그는 제안했다(《국부론》, 976~977쪽).

또한 스미스는 상업사회의 **도시화**에서 발생하는 대중의 소외와 반사회성을 완화하기 위한 방법으로, 연극, 전시회, 대중오락 등 각종 대중문화 활동에 대한 정부의 지원을 지지했다. 이런 문화예술 활동은 흥겨운 사회 분위기를 고취함으로써 대중의 미신과 광기의 온상이 되는 침울한 분위기를 쉽게 소멸시킨다(《국부론》, 977쪽).

빈민구제와 누진세

동서고금을 막론하고 빈민구제는 모든 정상국가의 정상 업무 중 하나였다. 스미스도 그렇게 생각했다. 앞서 본(159쪽) 바와 같이, 사치스런 마차에 비싼 통행료를 부과하는 것이 빈민구제를 위한 재원을 마련하는 좋은 방법이라고 말한 것은 이러한 그의 생각을 보여주는 한 예이다(《국부론》, 893쪽). 그는 부자에게 더 높은 세율을 부과하는 **누진세**의 정당성도 인정했다. "한 국가의 국민이라면 마땅히 가능한 한, 각자의 능력에 비례하여, 즉 국가의 보호 아래 각자가 획득하는 수입의 크기에 비례하여, 정부를 유지하기 위해 기여하여야 한다."(《국부론》, 1017쪽) "부자들이 수입에 비례해서뿐만 아니라 그 비례를 약간 초과해서 공공수입에

기여하는 것은 그리 불합리한 일이 아닐 것이다."(《국부론》, 1040쪽)

그 밖의 것들

국방, 사법, 공공사업이라는 정부의 세 가지 기본 임무는 정부의 독자적 사업이지만 민간경제에 대한 개입은 아니다. 몇몇 민간경제 행위에 대해서도 스미스는 예외적으로 정부 개입을 인정했다.

정부는 은행의 **방만한 대출을 규제할** 필요가 있다고 보았다. 은행의 도산은 예금자들에게 피해를 입히기 때문이다. 스미스는 이를 불길이 옆집으로 번지는 것을 막기 위해 방화벽을 쌓는 것과 같다고 보았다. "불길이 번지는 것을 막기 위해 방화벽을 쌓게 하는 법률은 자연적 자유에 대한 침해이지만, 여기에서 제안하는 은행업의 규제와 정확히 동일한 종류의 침해이다."(《국부론》, 397쪽)

먼 야만 지역과의 **위험한 무역에 대한 독점권**도 인정했다. 그것은 나중에 대중에게 이익을 주는, 위험하고 값비싼 모험을 무릅쓴 것에 대해 국가가 해줄 수 있는 보상이기 때문이다. 이는 새로운 기계의 발명이나 새로운 책 출판에 대해 그 발명자와 저자에게 독점권을 부여하는 것과 같은 원리로 옹호할 수 있다고 보았다. 그러나 이런 독점권은 일시적으로만 인정해야지 영구적으로 인정하는 것은 일종의 불합리한 세금이라고 비판했다(《국부론》, 927~928쪽).

영국이 아메리카 **식민지**에서 생산되는 선박 용품을 영국 이외의 다른 나라로 수출하는 것을 금지한 것, 그리고 이들 품목을 영국으로 수입하는 것에 장려금을 지급한 것도 지지했다. 이 정책들은 아메리카의 산림 벌채를 촉진함으로써 아메리카의 개발에 도움이 되기 때문이다(《국부론》, 712~713쪽).

이 밖에, 독한 술 같은 **사치품에 대한 고율 세금**을 부과하여 빈민의 사치와 낭비를 억제하는 것(《국부론》, 1082쪽), 그리고 시장 이자율보다 조금 높은 수준에서 **법정 최고 금리제**를 실시하여, 자본이 낭비나 투기에 사용되는 것을 막는 것도 정부의 역할로 인정했다. 고리의 자금은 보통 낭비나 투기를 위해 빌려가기 쉽기 때문이다(《국부론》, 438~439쪽).

경제발전의 길

스미스가 《국부론》을 쓴 것은 경제발전의 길을 밝히기 위해서이다. 이 문제는 비단 스미스만이 아니라 리카도와 밀 등 영국 고전학파 경제학자들의 중심 연구 주제였다. 지금까지의 고찰을 종합하여 이 문제에 관한 스미스의 견해를 정리해보자. 다음 쪽의 [그림]이 이를 요약하여 보여준다.

스미스에게 경제발전을 위해 가장 필요한 것은 '법치주의 확립'과 '불합리한 경제규제 철폐'이다. **법치주의 확립**은 공정한 정의의 법을 공정하게 집행하여, 국가 권력자나 강자의 부당한 침해로부터 개인의 사유재산을 보호하고, 채무자의 채무이행과 계약이행을 확실하게 보장하여 개인의 사유재산을 보호함을 의미한다. 다음으로 스미스가 강조한 **경제규제 철폐**는 두 가지로 나눌 수 있다. 하나는 소수의 특정 상공인에 부여했던 독과점 영업권을 철폐하여 **경쟁시장**을 만드는 것이고, 둘은 가격규제·매점매석 금지·거주이전의 제한·수출장려 및 수입제한 등 자유로운 시장경제

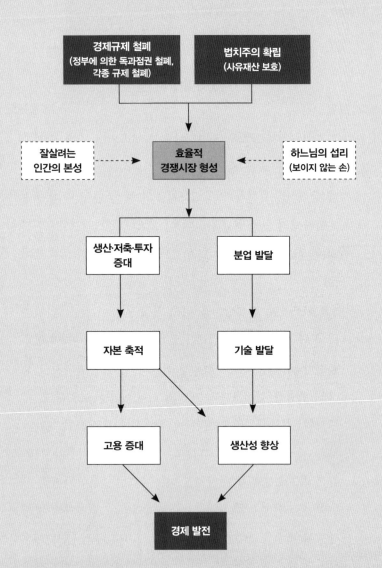

[그림] 애덤 스미스의 경제발전 경로

활동을 방해하는 규제들을 철폐하여 **경제 자유화**를 실현하는 것이다. 스미스는 경제의 자유화만이 아니라 경쟁시장의 확립도 주장했음을 유념해야 한다.

스미스는 원칙적으로 정부의 경제개입을 반대했으나 몇몇 예외는 인정했다. 공공시설의 건설과 운영, 빈민구제, 저소득층 자녀들을 위한 초등교육과 고등교육 및 대중의 문화예술에 대한 지원, 은행의 방만한 대출 규제, 원격지무역에 대한 독점적 영업권 부여, 발명품에 대한 독점권 부여, 사치품에 대한 고율 과세, 적정한 법정 최고이자율 등과 같은 규제는 예외적으로 인정했다.

법질서의 확립과 경제규제 철폐가 이루어지면 자연적으로 **효율적 경쟁시장**이 형성되어 작동한다. 사람은 누구나 자기사랑과 교환본능이라는 본성을 갖고 있고, 자유로운 경쟁시장에는 보이지 않는 손이라는 하느님의 섭리가 작동하는 덕분에, 사익을 추구하는 각자의 노력이 서로 조화를 이루어 모든 사람은 이득을 본다. 또한 기업 간 경쟁은 가장 좋은 품질의 상품들이 가장 싼 가격으로 공급되게 한다. 사유재산이 보호되면 더 잘살려는 인간의 본성이 작동하여, 사람들은 모두 자발적으로 열심히 일하고 저축하고 투자함으로써 경제는 저절로 발달한다.

시장의 발달은 분업을 발달시키고 분업의 발달은 기술을 발달시켜서 생산성을 향상시킨다. 더 잘살려는 인간의 본성 덕분에 사람들은 근검절약하고 저축하여 자본축적이 이루어진다. 정부의 간섭이 없으면 축적된 자본은 수익률이 높은 순서대로 가장 효율적인 부문부터 차례로 투자된다. 축적된 자본은 한편으로는 새로운 기계와 도구를 도입하여 노동 생산성을 높이고 한편으로는 고용을 증대시켜서 총생산이 증대하고 경제발전이 이루어진다.

이상과 같이 무질서와 정부규제라는 두 장애물이 제거되면, 하느님이 만든 경쟁시장이란 효율적이고 조화로운 기구와 더 잘살려고 스스로 노력하는 인간의 본성 덕분에 자본 축적과 총생산 증가가 저절로 이루어져서 경제가 저절로 발전한다는 매우 간단명료한 경제발전의 길을 스미스는 제시했다. 즉, '사유재산을 보호하는 정의의 법질서를 확립하고 불합리한 정부규제들을 철폐하라. 그리하면 경제는 자유경쟁시장을 통해 저절로 발전한다'는 자유방임론이 스미스의 경제발전의 길이다.

5장   무엇을 배울 것인가?